Kay Lynne Sherman

Das Kochbuch
der Findhorn-Familie

Kay Lynne Sherman

Das Kochbuch der Findhorn-Familie

Köstliche vegetarische Gerichte,
mit Liebe und Freude zubereitet

Verlag Hermann Bauer
Freiburg im Breisgau

CIP-Titelaufnahme der Deutschen Bibliothek

Sherman, Kay Lynne:
Das Kochbuch der Findhorn-Familie: köstl. vegetar. Gerichte,
mit Liebe u. Freude zubereitet/Kay Lynne Sherman.
[Ins Dt. übertr. von Luise Kösling].
2. Aufl. – Freiburg im Breisgau: Bauer, 1988
  Einheitssacht.: The Findhorn family cook book ⟨dt.⟩
  ISBN 3-7626-0356-1

Die englische Originalausgabe erschien 1981 unter dem Titel
The Findhorn Family Cook Book
bei Findhorn Publications, The Park Forres/Schottland.
© 1981 by Findhorn Publications.

Ins Deutsche übertragen von Luise Kösling.

Mit 160 Fotografien von Kathy Thormod
und 52 Zeichnungen von Linda Morris.

1988
ISBN 3-7626-0356-1
© für die deutsche Ausgabe 1983 by
Verlag Hermann Bauer KG, Freiburg im Breisgau.
Alle Rechte der deutschen Ausgabe vorbehalten.
Satz: SCS Schwarz Computersatz, Stuttgart.
Druck und Bindung: Rombach GmbH, Druck- und Verlagshaus,
Freiburg im Breisgau.
Printed in Germany.

Für Eileen und Joannie, die als erste
für die Gemeinschaft in Findhorn gekocht haben.
Sie inspirieren uns alle.

Wir danken den vielen Menschen, die dazu beigetragen haben, daß dieses Kochbuch entstehen konnte. Sie alle haben nicht nur ihre eigene Aufgabe großartig gelöst, sondern durch ihren Einsatz immer wieder ihre Freundschaft bewiesen.

Dank auch all den kreativ tätigen Köchinnen und Köchen von Findhorn, die Rezepte beigesteuert haben: Loren Stewart, Vadan Baker, Ike und Maggie Isaksen, Mary Coulman, Jacques Cormier, Richard Valeriano, Erik Muller, Bill Flink, Peter Caddy, Ludja Bolla, Pam O'Neill, Bob Knox, Frances Edwards, Maggie Miller, Deborah Horner, Jeff Dienst, Shelley Drogin, Lynn Imperatore, Rennie Innis, Bessie Schadee, Debi DeMarco, Clara Bianca Erede und Sabrina Dearborn.

Mein ganz persönliches Dankeschön gilt David, Alexandra und Ludja, die mich immer bei guter Laune hielten; Erik, der mir unerschütterlich zur Seite stand; meinem lieben Freund John Freed; Linda Morris und Kathy Thormod, die mir halfen, die ursprüngliche Idee zu entwickeln und in die Tat umzusetzen, und deren Freundschaft und berufliche Erfahrung ich zu schätzen weiß; schließlich der gesamten Findhorn-Gemeinschaft, die das Zustandekommen dieses Buches unterstützt und mitgetragen hat.

Inhalt

Hinweise

Maßangaben

Die Rezepte sind in von den britischen Maßangaben abgeleiteten metrischen Einheiten angegeben. Wir empfehlen, zum Abmessen Waage und Meßbecher zu verwenden, anstatt die Mengen einfach abzuschätzen. Bei Angabe von Eßlöffel oder Teelöffel ist immer ein gestrichener Löffel gemeint.

Zutaten

Kräuter: Sofern nichts anderes angegeben, haben wir alle Kräuter in getrocknetem Zustand verwendet.

Milchpulver: Für unsere Rezepte wurde kein Instant-Milchpulver verwendet.

Miso: Eine fermentierte Sojabohnenpaste, die als Grundlage für Suppen und Brühen oder als Gewürz verwendet wird. In verschiedenen Geschmacksrichtungen auf dem Markt. Für unsere Rezepte ist jede Sorte geeignet. Fragen Sie im Reformhaus, im Feinkostgeschäft oder in den Lebensmittelabteilungen der großen Warenhäuser danach.

Tamari: Eine natürliche Sojasoße von sehr guter Qualität. Für den Bezug gilt das gleiche wie oben.

Tofu: Sojabohnenquark. Nähere Informationen in dem Kapitel »Hausgemachter Tofu« auf Seite 69.

Es ist gut, wenn man das Gemüse mit Verständnis und
Aufgeschlossenheit zubereitet und es auf diese Weise den
Strahlungen des Lichts ermöglicht, in die Nahrung einzudringen.
Eine Kartoffel ist dann nicht länger einfach nur eine Kartoffel in euren
Händen, sondern ein Gegenstand wahrer Schönheit. Ihr könnt die
Vibration spüren, ihr fühlt, daß sie etwas Lebendiges ist. Haltet
einmal inne und bedenkt, welchen Unterschied das ausmacht. Das
Herz möchte einem vor Freude und Dankbarkeit fast zerspringen.

Eileens Weisung

Besucher unserer Gemeinschaft lernen während ihres Aufenthalts oft zum erstenmal die vegetarische Küche kennen. Aus diesem Grund wurden wir immer wieder gebeten, ein Kochbuch zu veröffentlichen. Das Buch in Ihren Händen ist unsere Reaktion auf diese Anregung.

Obwohl wir selbst regelmäßig für eine sehr große Anzahl von Menschen kochen, glaubten wir, daß es nützlicher wäre, die Rezepte in kleineren Mengen anzugeben, die etwa für eine durchschnittlich große Familie reichen.

Sobald der Entschluß zur Veröffentlichung des Kochbuchs gefaßt war, machten wir uns mit großem Eifer daran, Rezepte zu sammeln und aufzuschreiben. Die begeisterten Köchinnen und Köche unserer Gemeinschaft haben uns nicht nur ihre Notizbücher, sondern auch ihre Küche und ihr Herz geöffnet, damit unser Vorhaben verwirklicht werden konnte. So war zum Beispiel jeder der Meinung: »Mary Coulman macht das beste Teegebäck.« Also fragte ich Mary, ob ich einige von ihren Rezepten bekommen könnte. Dabei war mir wohl bewußt, daß sich gute Köchinnen oft dagegen sträuben, ihre Geheimnisse preiszugeben. Sie lud mich aber freundlich zum Tee ein, und unsere Sitzung dauerte schließlich bis zum Abendessen. Dabei lieh sie mir ein handgeschriebenes Heft mit ihren Lieblingsrezepten und wandte eine Menge Zeit auf, sehr sorgfältig alle notwendigen Details zu ergänzen. Während ich später die Rezepte ausprobierte, kam sie immer wieder vorbei, weil sie ganz sicher sein wollte, daß ich auch alles richtig machte. Diese Erfahrung hat sich noch oft wiederholt. Wir haben in unser Buch nicht nur die alltägliche Hausmannskost aufgenommen, sondern auch Spezialitäten für festliche Gelegenheiten, die bei uns oft Anlaß sind, unsere Freude kreativ auszudrücken.

Der zweite Aspekt bei der Gestaltung des Kochbuchs war es, Möglichkeiten zu finden, die einen Zugang zu den subtileren Gedanken und Vorstellungen schaffen, die über die Art der Zubereitung unseres Essens hinausführen, nämlich Freude an der Arbeit zu haben, mit der wir gerade beschäftigt sind, und den Geist in die Materie zu bringen.

Lindas künstlerische Gestaltung und Kathys Fotos machen diese Ideen so lebendig, wie es durch das Wort allein nicht möglich wäre. Die Auszüge aus den von Eileen Caddy und David Spangler empfangenen Weisungen, mit denen die meisten Kapitel eingeleitet werden, haben uns inspiriert. Unser Ziel ist es, vor allem die Erkenntnis zu übermitteln, daß die wichtigste Zutat für jede Mahlzeit die Liebe ist, mit der sie zubereitet wurde. Liebe hat die Fähigkeit, jede Speise und jede Situation zu erheben und zu verwandeln.

Kay Lynne

Arbeitsplatz Küche

Es fällt in Findhorn besonders auf, welch starken Einfluß die Einstellung der Köchinnen und Köche auf die gesamte Gemeinschaft hat. Die Arbeit in der Küche ist eine lebenswichtige Aufgabe. Sie sollte nicht von jemandem übernommen werden, der sie als Schinderei betrachtet und sich dabei als Aschenbrödel fühlt. Das gleiche gilt natürlich für jeden Haushalt. Die Geisteshaltung, mit der man an diese Arbeit herangeht, wird auf die Speisen und von da auf die ganze Familie übertragen. Deshalb ist das Kochen in der Tat eine Art des Gebens, das tägliche Ritual, Geist in die Materie zu bringen.

Dabei spielt auch die äußere Umgebung eine Rolle. Es ist eine erfreuliche Aufgabe, eine Küche so zu gestalten, daß sie Licht und liebende Fürsorge ausstrahlt. Man beginnt am besten mit einer Meditation oder verbringt einfach einige Zeit völlig ruhig und ungestört in dem Raum. Allmählich wird man bemerken, um welche Teile der Küche man sich besonders kümmern sollte. Muß die Küche völlig neu eingerichtet werden, reinigt und streicht man den ganzen Raum. Trennen Sie sich bei dieser Gelegenheit von allen abgestandenen, muffig gewordenen Vorräten. Überlegen Sie sich ein System, das Ordnung schafft. Stellen Sie die Kräuter und Gewürze nach dem Alphabet auf. Es soll in allen Dingen Ordnung herrschen, eine Ordnung, wie wir sie in der Natur finden: Oberflächlich erscheint alles spontan und eher zufällig zu geschehen, aber darunter wird ein vollkommener Rhythmus erkennbar, der den reibungslosen Ablauf bestimmt.

Jedes Werkzeug wird zum guten Freund, wenn man es pflegt, vorsichtig damit umgeht und lernt, es in der richtigen Weise einzusetzen. Für Küchengeräte gilt: Qualität geht vor Quantität. Es ist besser, wenige gute Messer zu besitzen, als einen ganzen Satz Messer von mäßiger Qualität.

Wird eine Küche ganz neu ausgestattet, sollte man an die Menschen denken, die darin arbeiten werden. Sind Kinder da, die gern helfen, dann ist es nützlich, einige Geräte zu haben, die auch für sie sicher genug sind. Wenn die Küche von vielen Menschen benutzt wird, ist es ratsam, eine einfachere, stabile Ausstattung zu wählen und auf komplizierte Geräte und Apparate zu verzichten.

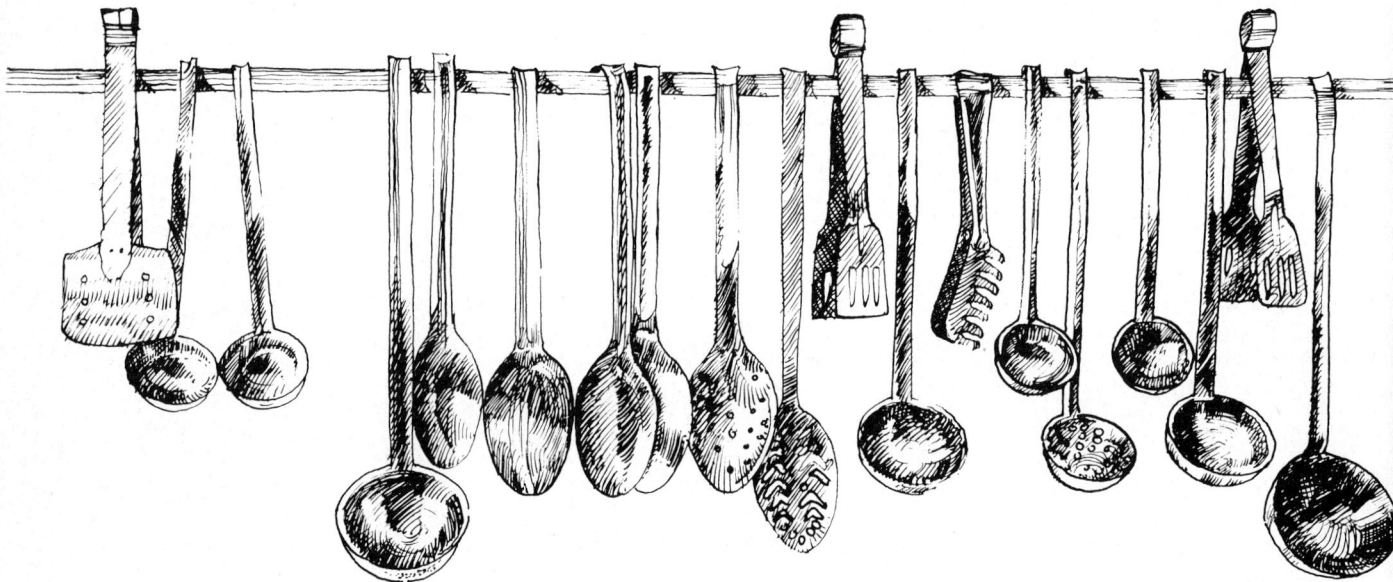

Gegenstände aus Holz (Kochlöffel, Schneidebretter) müssen vor Seifenlauge und starken Gerüchen bewahrt werden, da sie jeden Geruch leicht annehmen. Diese Geräte sofort nach Gebrauch abspülen, trocknen und wegstellen. Lassen Sie beim Kochen niemals den Rührlöffel in der Suppe, das bekommt weder der Suppe noch dem Löffel! Die Holzgriffe der Messer verderben, wenn man sie im Wasser liegenläßt; die Klingen werden stumpf, wenn sie beim Spülen gegen andere Gegenstände schlagen. Deshalb Messer sofort nach Gebrauch spülen und an ihren Platz zurücklegen. Holzbrettchen kann man leicht einölen, wenn sie trocken werden.

Alle Gegenstände aus Eisen (gußeiserne Pfannen und Töpfe, den Wok) darf man nie im Spülwasser einweichen, da auch dieses Material Gerüche annimmt und rosten kann. Wenn man mit eisernen Pfannen richtig umgeht, genügt es, sie nach Gebrauch einfach auszuwischen. Müssen sie wirklich einmal gründlich gesäubert werden, wendet man die Methode an, die beim Rezept für Omeletts beschrieben wird. Ist eine Pfanne zu sehr ausgetrocknet, gießt man ein wenig Öl hinein und erhitzt es langsam 20 Minuten lang. Dann gießt man das Öl weg und wischt die Pfanne sauber aus. Woks sollten unmittelbar nach Gebrauch nur mit Wasser und einer harten Bürste ausgewaschen werden. Zeit und Kraft, die man in die Pflege der Küche und Küchengeräte investiert, lohnen sich in jedem Fall. Man schafft damit die praktischen Voraussetzungen für mehr Freude und Vergnügen am Kochen.

Suppen

Wir versuchen, euer Bewußtsein so zu ernähren, daß es zur Einheit
gelangen kann. Das bedeutet nicht, daß ihr euer Wissen über die
richtige Ernährung nicht anwenden dürft, sondern daß ihr zusätzlich
die wichtigsten Zutaten mit einbeziehen solltet, und das sind
Bewußtsein und Liebe.

David Spangler, 12. August 1971.
Mitteilung über Küche und Ernährung.

Es ist ein interessantes Phänomen, daß die besten Suppen oft dann gelingen, wenn einem gerade alles fehlt, was man normalerweise zum Kochen braucht. Suppen sind ein Ausdruck der Kreativität. Suppenrezepte sind nicht mehr als ein Anhaltspunkt, eine Anregung.

Loren, einer unserer besten Suppenköche, zog nach Erraid, einer kleinen Insel vor der Westküste Schottlands, die unter unserer Obhut steht. Dort ist längst nicht die große Auswahl an Nahrungsmitteln verfügbar wie bei uns, und dennoch sind Besucher der Meinung, daß er noch bessere Suppen kocht, seit er umgezogen ist. Die Zubereitung von Suppen steht oft in engem Zusammenhang mit einer Rückkehr zu den Ursprüngen. Ob das nun aus freien Stücken oder durch die Macht der Verhältnisse geschieht: Die Folge ist häufig, daß man besser kocht als je zuvor.

Ludja, die aus der Tschechoslowakei zu uns kam, zitiert ihre Mutter: »Es ist nichts Besonderes, zu kochen, wenn man alle Zutaten zur Verfügung hat. Wenn aber die Zutaten fehlen, dann ist es eine Kunst.«

Gemüsebrühe als Suppengrundlage

Es ist wirklich ein Unterschied, ob wir eine Gemüsebrühe oder Wasser zur Zubereitung einer Suppe verwenden. Hier einige Anregungen, wie man ohne viel Mühe Gemüsebrühe erhält.

Erste Methode

Sammeln Sie alle Abschnitte, die sonst beim Gemüseputzen weggeworfen werden. Oft gehen gerade die Teile von Karotten, Blattgemüse, Sellerie, Kohl, Blumenkohl usw. verloren, die das beste Aroma ergeben. Abfälle von Pilzen, Zwiebel- und Kartoffelschalen sind besonders wertvoll, da sie für eine schöne Farbe und guten Geschmack der Brühe sorgen. Man sammelt bei der Zubereitung jeder Mahlzeit diese Abschnitte, gibt alles in einen Topf, gießt so viel kaltes Wasser darüber, daß die Gemüsereste bedeckt sind, und läßt bei schwacher Hitze mindestens 20 Minuten kochen. Danach den Herd abschalten und den Topf bis zum Abkühlen auf der Platte stehenlassen. Die Brühe durch ein Sieb gießen, in Gläser füllen und bis zum weiteren Gebrauch im Kühlschrank aufbewahren.

Zweite Methode

Gießen Sie das Kochwasser vom Gemüse ab, und bewahren Sie es im Kühlschrank auf, bis es zur Zubereitung einer Suppe gebraucht wird. Achtung: Keine heiße Gemüsebrühe in bereits abgekühlte Brühe gießen, das scheint die Qualität der gesamten Menge zu beeinträchtigen. Die heiße Brühe zuerst abkühlen lassen. Bei dieser Methode kann das Kochwasser jeder beliebigen Gemüsesorte verwendet werden. Eine Ausnahme bildet nur die rote Bete, die unsere Brühe zu stark färben würde.

Dritte Methode

Für den Fall, daß man einmal keine Brühe vorrätig hat, sollte man einen käuflichen Ersatz bereithalten. Man kann die Suppe mit Miso oder Tamari würzen oder das Aroma durch Hefeextrakt, pflanzliche Speisewürze, gekörnte Gemüsebrühe oder ähnliche Zusätze verbessern. Das alles sollte aber nur als Behelf im Notfall eingesetzt werden.

So schmeckt die Suppe noch besser

Die wichtigste Regel heißt: Jede Suppe muß sorgfältig abgeschmeckt werden. Wenn der Geschmack noch nicht stimmt, hier einige Anregungen:

Fehlen der Suppe Gehalt und Aroma, eben der richtige Pfiff, kann man es mit einer oder mit mehreren der folgenden Zutaten versuchen:

Salz
Miso
pflanzliche Suppenwürze
Tamari
Hefeextrakt
gebratene Zwiebeln
geröstete Sellerieblätter
Gewürze:
Koriander, Kümmel, Nelken

Kräuter:
Basilikum, Majoran, Liebstöckel,
Thymian, Lorbeer, Petersilie, Sellerie,
Oreganum
Butter
Milch oder Sahne
Zitronensaft
Knoblauch
Rest Bratensoße oder Bratensaft

Soll die Suppe dicker werden, probieren Sie eine der folgenden Methoden:
1. Ein wenig Mehl oder Maisstärke mit etwas kaltem Wasser anrühren und in die Suppe geben.
2. Eine Mehlschwitze (Einbrenne) aus Butter und Mehl bereiten; 5 Minuten anrösten, mit dem Schneebesen unter die Suppe rühren.
3. Einen Teil der Suppe im Mixer pürieren.
4. Einen Rest Teigwaren mit etwas Wasser zerdrücken und in die Suppe geben.

Damit die Suppe appetitlich aussieht, garniert oder bestreut man sie mit einer oder mit mehreren der folgenden Zutaten:

Petersilie
geriebener Käse
kleingehackte Frühlingszwiebeln
geröstete Weißbrotwürfel (Croûtons)
Schnittlauchröllchen
Avocado-Scheiben
feingehackte Gurke

feine Scheibchen einer beliebigen
farbenfreudigen Gemüsesorte
Paprika
Muskatnuß
Gomasio (Sesamsalz)
geröstete Nüsse oder Kerne

Einfaches Suppenrezept

1. Gemüse waschen, putzen, schneiden.
2. Gemüse mit Brühe bedecken, zum Kochen bringen; leicht sieden lassen, bis alles weich ist.
3. Gemüse, Brühe und ein Stück Butter in den Mixer geben und pürieren.
4. Die Masse wieder in den Topf geben und bis kurz vor dem Siedepunkt erhitzen. Falls nötig, noch etwas Wasser hinzufügen. Abschmecken, ob nachgesalzen werden muß.
5. Vor dem Servieren gerade so viel Milch hinzufügen, daß die Suppe einen etwas helleren Ton annimmt. Nach Beigabe der Milch nicht mehr kochen lassen!

Empfehlung

Dies ist auch eine gute Gelegenheit, übriggebliebenes Gemüse zu verwerten. Man braucht die Gemüsereste nur in ihrer eigenen Brühe zu erhitzen; danach fährt man fort wie unter 3. bis 5. beschrieben.

Frisches Gemüse der Saison

ein Stück Zwiebel und einige Sellerieblätter

gute Gemüsebrühe

Butter

Salz

Milch

Tomatencremesuppe

Ein erfrischender erster Gang

1. Tomaten schälen (Mit einer Gabel in kochendes Wasser halten, bis die Haut platzt, in kaltes Wasser tauchen. Jetzt läßt sich die Tomate leicht schälen).
2. In einem Topf die Milch erhitzen.
3. Im Mixer alle Zutaten außer der Milch miteinander pürieren.
4. Während der Mixer noch läuft, langsam und vorsichtig die heiße Milch dazugießen.
5. Die Masse wieder in den Topf geben und vor dem Servieren noch einmal heiß werden, aber *nicht mehr kochen lassen*.
6. Sofort auftragen.

Hinweis

Die Vorbereitungen kann man zum größten Teil im voraus erledigen. Halten Sie alle Zutaten im Mixer bereit, die Milch ist bereits im Kochtopf. Diese Suppe schmeckt am besten, wenn sie erst unmittelbar vor dem Servieren im Mixer verrührt und danach kurz erhitzt wird.

570 ml Milch

450 g schöne reife Tomaten

30 g Butter

2 Eßlöffel Mehl

1 Teelöffel Salz

1 Teelöffel Honig

1 dünne Scheibe Zwiebel

1 kleines Stückchen Knoblauch

Ergibt 4 Portionen

Blumenkohlsuppe

30 g Zwiebeln, kleingehackt

60 g Staudensellerie mit Blättern, kleingehackt

2 Eßlöffel Butter oder Öl

450 g Blumenkohl, gewaschen und in Stücke geschnitten

so viel Wasser, daß das Gemüse bedeckt ist

60 g Butter

4 Eßlöffel Mehl

½ l kochendes Wasser

Salz

4 Eßlöffel Milch oder Sahne

4 Eigelb (wahlweise)

Petersilie, Muskatnuß, Paprika oder hartgekochtes Ei zum Garnieren

Ergibt 4 Portionen

1. Das Öl in einer Kasserolle erhitzen, Zwiebel und Sellerie glasig andünsten.
2. Wasser und Blumenkohl dazugeben, zum Kochen bringen und ziehen lassen, bis das Gemüse weich ist.
3. Wasser abgießen, Kochflüssigkeit aufheben. Einige Blumenkohlröschen beiseite legen. In den Mixer Blumenkohl, Zwiebel, Sellerie und so viel Wasser geben, daß sich alles leicht pürieren läßt und eine glatte Masse entsteht.
4. In einem Topf Butter zerlaufen lassen und das Mehl darunterrühren. 5 Minuten andünsten, dabei gelegentlich umrühren.
5. ½ l kochendes Wasser aufgießen. Unter Rühren kochen lassen, bis eine dickliche Soße entsteht.
6. Das pürierte Gemüse dazugeben. Suppe kosten und mit Salz abschmecken.
7. Unmittelbar vor dem Auftragen Milch oder Sahne darunterrühren und noch einmal auf Serviertemperatur erhitzen, aber sorgfältig darauf achten, daß die Suppe nicht mehr zum Kochen gebracht wird.
8. (Wahlweise). Wenn die Suppe gehaltvoller werden soll, kann man ein paar Löffel davon mit geschlagenem Eigelb verrühren und diese Mischung wieder unterziehen.
9. Auf jeden Teller ein paar Blumenkohlröschen verteilen und die Suppe darübergießen. Mit Muskatnuß, Paprika oder gehackter Petersilie bestreuen.

Schnellverfahren

Wenn die Zeit sehr knapp ist, kann man darauf verzichten, die Soße gesondert zuzubereiten. In diesem Fall gibt man das gekochte Gemüse mit der Kochbrühe, der Butter und dem Mehl in den Mixer und püriert alles zusammen. Dann gießt man die Mischung wieder in den Suppentopf und fügt, wenn nötig, noch etwas Wasser hinzu. Danach 5 Minuten durchkochen lassen. Milch und Eier hineinrühren, servieren.

Variationen

Nach diesem Rezept kann man verschiedene Sorten Gemüse zubereiten. Sehr gut eignen sich Spargel, Lauch, Spinat, Karotten, Zucchini, Pilze oder Kohl. Verwenden Sie, was gerade vorrätig ist. Wird eine Suppe ohne Molkereiprodukte gewünscht, läßt man Milch und Eier weg.

Großmutters Gemüse-Gersten-Suppe

1. Zwiebel und Sellerie mit den Blättern kleinschneiden und in Öl anbraten.
2. Sobald das Gemüse gar ist und gerade anfängt, braun zu werden, Wasser aufgießen und zum Kochen bringen.
3. Gerste unter fließendem Wasser waschen, in die kochende Brühe geben. Lorbeerblatt hinzufügen und leise kochen lassen, bis die Gerste weich ist. Das dauert etwa eine Stunde.
4. Kartoffeln, Karotten und Tomaten kleinschneiden.
5. Kartoffeln, Karotten und Tomaten zusammen mit dem Tomatensaft in die Suppe geben, ziehen lassen, bis das Gemüse weich ist und zu zerfallen beginnt (nach etwa einer Stunde). Falls die Flüssigkeit einkocht, etwas Wasser nachgießen.
6. Das grüne Gemüse und Basilikum zuletzt beifügen und gerade eben gar werden lassen.
7. Abschmecken und, falls nötig, nachsalzen.

Serviervorschlag
Dies ist eine kräftige, sättigende Suppe. Mit einem Salat und selbstgebackenem Brot ergibt sie eine vollständige Mahlzeit. Vor dem Servieren mit gehackter Petersilie oder geriebenem Käse bestreuen.

Variation: Italienische Minestrone
1. Man verwendet zum Anbraten von Zwiebel und Sellerie Olivenöl.
2. Anstatt Gerste kocht man die gleiche Menge weiße Bohnen und 1 Teelöffel Salbei mit.
3. Zum Schluß fügt man mit dem grünen Gemüse und Basilikum 110 g Nudeln und 1 Teelöffel Oreganum bei und kocht alles, bis die Nudeln weich sind.
4. Vor dem Servieren jede Portion mit frisch geriebenem Parmesan- oder einem anderen italienischen Hartkäse bestreuen.

1 Zwiebel

die inneren Stengel einer Selleriestaude

2 Eßlöffel Öl

2¼ l Wasser

170 g Gerste

1 Lorbeerblatt

2 mittelgroße Kartoffeln

2 Karotten

1 Dose Tomaten (860 g)

225 g grünes Gemüse der Saison, z. B. Zucchini oder grüne Bohnen

1 Teelöffel Basilikum

1 Eßlöffel Salz

Ergibt 10 bis 12 Portionen

Herzhafte Bohnensuppe

1 Zwiebel

4 Zehen Knoblauch

4 Stengel Sellerie mit Blättern

2 Eßlöffel Öl

2¼ l Wasser

1 Teelöffel Salbei

1 Lorbeerblatt

450 g getrocknete Bohnen

Zum Binden

4 Eßlöffel Butter oder Öl

4 Eßlöffel Mehl

½ l Wasser

3 Teelöffel Salz

Ergibt 6 bis 8 Portionen

Grundrezept für Linsen, getrocknete Bohnen oder Erbsen. Man bereitet die Suppe am besten in größerer Menge zu, da sie mit der Zeit immer besser wird und als Grundlage für andere Suppen verwendet werden kann.

1. Zwiebel und Knoblauch schälen und hacken. Sellerie waschen und in feine Streifen schneiden.
2. In einem großen Suppentopf das Öl erhitzen. Zwiebel, Knoblauch und Sellerie goldgelb andünsten.
3. Brühe oder Wasser, Lorbeerblatt und Salbei zufügen, zum Kochen bringen. Bohnen waschen und verlesen, ins Wasser geben und alles wieder zum Kochen bringen. Die Hitze zurückdrehen und warten, bis die Bohnen auf den Boden sinken (etwa 15 Minuten). Falls man die Bohnen über Nacht eingeweicht hat, kann dieser Schritt übersprungen werden.
4. Die Suppe leicht kochen lassen, bis die Bohnen weich sind. Das dauert zwischen 2 und 4 Stunden, je nach Art der Bohnen. Wenn man ein geeignetes Gefäß oder einen entsprechenden Herd besitzt, kann die Suppe über Nacht oder den ganzen Tag über ziehen. Es scheint, als ob sie um so besser schmeckt, je länger sie gekocht hat.
5. Sobald die Bohnen schön weich sind und zu zerfallen beginnen, bereitet man die Mehlschwitze. Man erhitzt Butter oder Öl in einer kleinen Kasserolle, gibt das Mehl dazu und läßt es bei geringer Hitze 5 Minuten dünsten, dabei gelegentlich umrühren. Wasser und Salz dazugeben, unter ständigem Rühren zum Kochen bringen. Diese Flüssigkeit in die Suppe geben. Wenn die Suppe sehr lange und langsam gekocht hat, kann es überflüssig werden, sie noch zu binden. Eine schnell gekochte Suppe wird aber gerade durch diese Mehlschwitze abgerundet, so daß sie der länger gekochten gleicht. Eine andere Möglichkeit, die Suppe zu

binden: Etwa ein Viertel der Bohnen mit etwas Brühe im Mixer pürieren und dann wieder der Suppe zusetzen.

6. Prüfen Sie die Konsistenz der Suppe. Sie sollte dick, aber nicht zu steif sein. Falls nötig, noch etwas Wasser oder Brühe aufgießen.
7. Prüfen Sie das Aroma. Falls Wasser anstatt einer gehaltvollen Suppengrundlage verwendet wurde, muß man vielleicht noch etwas Tamari, Hefeextrakt oder Suppenwürze hinzufügen.
8. Abschmecken, ob genügend Salz an der Suppe ist. Man sollte sofort den Eindruck haben: »Ja, genau so ist es richtig.« Ist das nicht der Fall, ein wenig nachsalzen.
9. Die Suppe dampfend heiß auf den Tisch bringen, aber es sollte sich niemand die Zunge daran verbrennen.
10. Mit gehackter Petersilie, geriebenem Käse oder Croûtons bestreuen. Dazu kann man gekochtes Getreide oder frisches Brot reichen, damit man genügend Eiweiß bekommt.

Schnellverfahren

Wenn schon alle auf das Essen warten und die Suppe noch nicht fertig ist, kann man das Ganze im Mixer pürieren und danach vorsichtig ein paar Minuten durchkochen. Dabei ständig rühren, um das Anbrennen zu vermeiden. Diese Suppe ist dann nicht ganz so köstlich, als wenn man sie lange genug gekocht hat, aber im Notfall geht es auch einmal so.

Variationen

Dieses Rezept ist die Grundlage für zahllose Varianten. Man kann zu den gekochten Bohnen Tomaten aus der Dose, kleingeschnittene Karotten, Spinat, Grünkohl (mit einer Schere in ganz feine Streifen geschnitten), Blumenkohl, Brokkoli usw. geben. Nehmen Sie, was Sie gerade zur Verfügung haben. Um das Protein zu ergänzen, kann man während der letzten Stunde der Kochzeit Reis oder Gerste hinzufügen. Reste von gekochtem Gemüse gibt man ganz zum Schluß dazu.

Tofu-Molken-Suppe

Eine leichte Suppe nach orientalischer Art.

1. Lauch vorbereiten: An der Seite aufschneiden und auswaschen, in etwa 1,5 cm lange Stücke schneiden. Man verwendet auch die grünen Teile.
2. Molke zum Kochen bringen. Lauch hinzufügen, 15 Minuten ziehen lassen, bis er weich ist.
3. Nach Geschmack mit Tamari würzen.
4. Tofu in mundgerechte Stücke schneiden und zum Schluß in der Suppe heiß werden lassen.

Variation

Man verwendet Pilze anstatt oder zusätzlich zum Lauch.

110 g Lauch oder Frühlingszwiebeln

1 l Molke vom selbstgemachten Tofu

1 Eßlöffel Tamari (etwa)

110 g Tofu

Ergibt 4 Portionen

Ein anderes Minestrone-Rezept

Mit Salat und frischem Brot eine einfache, sättigende Mahlzeit.

verschiedene Gemüse der Saison (etwa Karotten, Kartoffeln, Zucchini, grüne Bohnen, Zwiebeln, Kohl, Kürbis usw.)

Wasser oder Brühe

½ Zwiebel pro Portion

Olivenöl

Parmesankäse (möglichst am Stück)

Salz

1. Gemüse waschen, putzen, schneiden.
2. In einem Suppentopf das Gemüse, mit Wasser oder Brühe bedeckt, leise kochen lassen, bis alles gar ist (etwa 30 Minuten).
3. Inzwischen die Zwiebeln in Ringe schneiden und in Olivenöl rasch braun und knusprig braten.
4. Käse zum Bestreuen reiben.
5. Sobald das Gemüse weich ist, etwa zwei Drittel der Menge zusammen mit etwas Brühe im Mixer pürieren.
6. Die Masse wieder in den Topf geben. Suppe gut verrühren und die Konsistenz prüfen. Falls nötig, etwas Wasser aufgießen.
7. Abschmecken und, falls nötig, nachsalzen.
8. Auf einzelne Suppenteller verteilen. Mit gerösteten Zwiebelringen und geriebenem Käse garnieren.

Variation
Wenn man keine Molkereiprodukte verwendet, kann man den Käse durch in Tamari geröstete Sonnenblumenkerne ersetzen.

Selleriecreme

Eine nahrhafte Suppe ohne Molkerei-Produkte.

60 g Sonnenblumenkerne, Cashewnüsse oder abgezogene Mandeln

225 g Sellerie mit den Blättern

2 Eßlöffel Öl, nach Möglichkeit Maisöl

3 Tassen Wasser

2 Eßlöffel Mehl

3 Teelöffel Tamari

1 Teelöffel Majoran

Ergibt 4 Portionen

1. Sellerie waschen und kleinschneiden.
2. In einer Kasserolle in Öl andünsten.
3. Sobald der Sellerie beginnt, weich zu werden, Wasser aufgießen und leise kochen lassen, bis das Gemüse ganz gar ist.
4. Die Sonnenblumenkerne mit so viel Kochwasser in den Mixer geben, daß sie gerade bedeckt sind. Pürieren.
5. Sellerie, die restliche Brühe und Mehl dazugeben, Küchenmaschine eine weitere Minute lang laufen lassen, bis eine glatte Masse entsteht.
6. Wenn man eine besonders feine Suppe möchte, streicht man alles durch ein Sieb.
7. Masse wieder in den Topf geben und fünf Minuten ziehen lassen, damit das Mehl mit durchkocht.
8. Tamari und Majoran hinzufügen. Probieren, ob die Suppe salzig genug ist. Falls nötig, mit Tamari nachwürzen.

Variation
Anstatt Sellerie kann man jedes andere Gemüse verwenden.

Kümmelsuppe

Ein altes Bauernrezept für den Winter. Die Suppe tut gut, wenn man sich nicht ganz wohl fühlt. Alle Zutaten sind für eine kleine Menge angegeben, denn man ißt die Suppe meist allein oder bereitet sie für jemanden zu, dem es nicht gutgeht.

1. In einer kleinen Kasserolle erhitzt man Öl und Butter.
2. Kümmelkörner hinzufügen und unter Rühren anrösten.
3. Mehl dazugeben und bei mittlerer Hitze etwa 3 Minuten anschwitzen. Die Mischung muß bräunen, darf aber nicht anbrennen.
4. Unter ständigem Rühren langsam das heiße Wasser aufgießen, zum Kochen bringen.
5. Abschmecken, nach Geschmack nachsalzen.
6. Mit Croûtons und feingehackter Petersilie bestreuen.

1 Teelöffel Kümmelkörner

1 Eßlöffel Öl

1 Eßlöffel Butter

2 Eßlöffel Mehl

½ l heißes Wasser

¼ Teelöffel Salz

eine Handvoll Croûtons (geröstete Semmelwürfel)

Petersilie

Ergibt 2 Portionen

Knoblauchsuppe

Hilft gegen jeden Schmerz.

1. Kümmel im Mörser zerstoßen.
2. Kartoffeln waschen und schneiden, mit dem Kümmel im Salzwasser garkochen.
3. Sobald die Kartoffeln zerfallen, den zerdrückten Knoblauch und die Butter dazugeben.
4. Mit Croûtons garnieren, auftragen.

1 Teelöffel Kümmelkörner

300 g Kartoffeln

1½ l Wasser oder Brühe

1 Teelöffel Salz

4 Zehen Knoblauch

1 Eßlöffel Butter

Croûtons

Kartoffelsuppe mit Pilzen

500 g Kartoffeln

1½ l Wasser oder Brühe

100 g gemischtes
Gemüse
(z. B. Kohl, Sellerie,
Karotten, Blumenkohl,
Tomaten)

1 Eßlöffel Butter

100 g Pilze

55 g Butter

30 g Mehl

15 g Salz

1 Zehe Knoblauch

1 Teelöffel Majoran

Petersilie

Ergibt 6 Portionen

1. Kartoffeln waschen, schälen, schneiden. In einem Suppentopf in Wasser oder Brühe fast weich kochen.
2. Gemüse waschen und schneiden. In 1 Eßlöffel Butter anbraten, bis es fast gar ist.
3. Pilze sauber abbürsten oder waschen, in feine Scheiben schneiden und beiseite stellen.
4. In einer kleinen Pfanne Butter zerlaufen lassen, Mehl und Salz darunterrühren. Bei mäßiger Hitze 5 Minuten unter ständigem Rühren anrösten, in die Kartoffelsuppe geben.
5. Pilze und angebratenes Gemüse in die Suppe geben. Alles 25 Minuten leicht kochen lassen, dabei gelegentlich umrühren.
6. Unmittelbar vor dem Servieren zerdrückten Knoblauch und Majoran dazugeben. Danach nicht mehr kochen lassen.
7. Mit Petersilie bestreut servieren.

Variationen
Anstatt mit Majoran kann man auch mit Pfeffer und Paprika, Dill oder Schnittlauch würzen oder die Suppe mit geriebenem Käse bestreuen.

26

Lorens Zwiebelsuppe

1. Zwiebeln schälen, in feine halbmondförmige Scheiben schneiden (s. S. 35).
2. Karotten waschen und in Stifte schneiden.
3. Frischen Ingwer und Knoblauch in Öl oder Butter anrösten. Zwiebeln und Karotten dazugeben und alles leicht anbraten. Sobald das Gemüse durch und durch heiß geworden ist, die Hitze auf die niedrigste Stufe zurückdrehen und unter gelegentlichem Umrühren langsam weiterdünsten lassen, bis die Zwiebelscheiben weich und völlig durch sind (mindestens 30 Minuten). Wenn Zwiebeln langsam genug gebraten werden, schmecken sie angenehm mild und süß.
4. Brühe aufgießen und weitere 30 Minuten leise kochen lassen.
5. Vor dem Servieren probieren und bei Bedarf mit Tamari oder Miso abschmecken.

Variationen

Man kann auch andere Gemüse, etwa Blumenkohl oder feingeschnittenen Grünkohl, beifügen. Bei einer Französischen Zwiebelsuppe läßt man die Karotten weg, garniert jeden Teller mit Croûtons oder mit einer runden Toastscheibe, bestreut mit Parmesan und überbackt jede Portion unter dem Grill oder im Rohr. Zum Schluß mit feingehackter Petersilie bestreuen.

680 g Zwiebeln

1 mittelgroße Karotte

1 Teelöffel frisch geriebene Ingwerwurzel

2 Zehen Knoblauch, zerdrückt

4 bis 6 Eßlöffel Butter oder Öl

1¼ l Gemüsebrühe oder Wasser

Tamari oder Miso nach Geschmack

Ergibt 4 bis 6 Portionen

Ägyptische rote Linsensuppe

2 l Wasser oder Brühe

455 g rote Linsen

1 Zwiebel

2 Eßlöffel Olivenöl

4 Eßlöffel Tamari (oder weniger, wenn man Brühe anstatt Wasser verwendet)

Ergibt 6 Portionen

Wir bekamen einmal eine Sendung Linsen mit der Aufschrift »Ägyptische rote Linsen«, danach haben wir diese Suppe genannt. Sie ist schnell und einfach zuzubereiten.

1. Wasser zum Kochen bringen.
2. Linsen hineingeben und schwach kochen lassen, bis sie zu zerfallen beginnen (nach ungefähr 30 Minuten).
3. Inzwischen die Zwiebel in halbmondförmige Scheiben schneiden und rasch in Öl goldbraun rösten.
4. Suppe mit Tamari würzen, noch ein paar Minuten durchköcheln lassen. Da Tamari nicht immer gleich kräftig ist, muß man die Suppe abschmecken und gegebenenfalls nachwürzen.
5. Die geröstete Zwiebel in die Suppe geben, servieren. (Wenn man die Suppe in einzelnen Portionen auf den Tisch bringt, füllt man zuerst die Teller und garniert dann mit der gerösteten Zwiebel.)

Weiße Bohnensuppe mit Artischocken

450 g weiße Bohnen

1,7 l Wasser

2 Artischocken

8 Zehen Knoblauch

60 g Petersilie, feingehackt

2 Teelöffel Basilikum

6 Eßlöffel Olivenöl

3 Teelöffel Salz

1. Bohnen waschen und verlesen. Über Nacht einweichen.
2. Bohnen mit dem Einweichwasser zum Kochen bringen, etwa eine Stunde leise kochen lassen.
3. Inzwischen die Artischocken vorbereiten: In Achtel schneiden und das Heu, den Mittelteil mit den Fäden, entfernen, ebenso die härteren äußeren Blätter. Lassen Sie aber ein Stück Stiel daran. (Die entfernten äußeren Blätter kann man für sich dämpfen. Sie ergeben eine eigene Mahlzeit.)
4. Die Artischocken zu den Bohnen geben und alles noch ½ Stunde kochen lassen, bis die Bohnen zu zerfallen beginnen und die Artischocken weich sind. Falls nötig, während des Kochens Wasser nachgießen.
5. Aus dem geschälten Knoblauch, Petersilie, Basilikum, Olivenöl und Salz eine breiartige Masse bereiten, indem man alles gut im Mörser zerstößt. Diese Paste ganz zum Schluß des Kochvorgangs in die Suppe geben, damit das frische Aroma der Gewürze erhalten bleibt.
6. Die Konsistenz der Suppe probieren. Falls nötig, mehr Wasser aufgießen. Abschmecken und gegebenenfalls nachsalzen.

28

Gemüse zubereiten

Je mehr Nahrung aus dem Garten euer Körper aufnimmt, um so
besser! Versucht beim Essen immer an die zu denken, die dabei
geholfen haben, daß diese Nahrung wachsen konnte: an die Devas,
an die Naturgeister, an die Engel. Wenn ihr das beherzigt, dann zeigt
ihr damit eure dankbare Anerkennung für all das, was mitgeholfen
hat, die Dinge hier wachsen zu lassen.

Eileens Weisung

In der vegetarischen Küche reicht man Gemüse als Beilage oft in ganz einfacher Form, weil bereits für das Hauptgericht viel Mühe und Aufmerksamkeit aufgewandt wird. Ein weiterer komplizierter Gang könnte den Gesamteindruck der Mahlzeit sogar stören.

Es ist unser Bestreben, bei der Zubereitung von Gemüse das natürliche Aroma und die ursprüngliche Schönheit eher zu unterstreichen als zu überdecken.

Aroma und Schönheit kann man aber nur betonen, wenn diese Qualitäten überhaupt vorhanden sind. Das bedeutet, daß unser Gemüse frisch sein muß. Einer meiner Lehrer kritisierte einmal: »Ihr modernen Köche und Köchinnen stellt alles auf den Kopf. Wenn ihr etwas kochen wollt, dann schlagt ihr ein Kochbuch auf, sucht ein Rezept aus, schreibt einen Einkaufszettel und geht damit auf den Markt und besorgt die Zutaten. Es sollte aber genau anders herum sein. Geht doch zuerst auf den Markt, schaut euch um, welches Gemüse sich anbietet, weil es so schön und frisch ist. Das nehmt nach Hause und überlegt, was man daraus machen könnte.« Wenn man an die heute übliche »Kosmetik« in der Landwirtschaft denkt, ist dieser Ratschlag für unsere Zeit natürlich recht fragwürdig geworden. Oft verdanken die größten und schönsten Gemüse und Früchte ihre leuchtende Farbe und das frische Aussehen nur den Chemikalien, mit denen sie gedüngt oder gefärbt wurden, oder einem künstlichen Wachsüberzug. In Geschmack und Vitalität sind sie eher enttäuschend. Man sollte daher beim Gemüsekauf stets die Augen offenhalten und allmählich lernen, das Wesentliche zu erkennen. Wenn es irgend geht, dann ziehen Sie selbst Gemüse! Ist das nicht möglich, kaufen Sie Gemüse, das nach natürlichen Methoden angebaut wurde. Bleibt aber gar nichts anderes übrig, als das Gemüse zu verwenden, das üblicherweise im Handel angeboten wird, dann denken Sie daran, daß auch Ihre Liebe und Freude, die Sie bei der Zubereitung empfinden, die Qualität ganz beträchtlich verbessern kann.

Nehmen Sie sich zur Vorbereitung des Gemüses stets genügend Zeit, damit sich eine Beziehung entwickeln kann. Kraft, Schönheit und Vitalität des Gemüses werden sich auf Sie selbst übertragen, wenn Sie bei dieser Arbeit dafür offen sind. Während in Ihnen ein Gefühl für die Form und die Anmut dieser Gemüse entsteht, werden Ihnen neue Möglichkeiten für die Zubereitung ganz von selbst einfallen.

Nach Möglichkeit sollte Gemüse erst unmittelbar vor der Zubereitung geerntet werden. Muß man das Gemüse eine Weile aufbewahren, packt man es in einen luftdichten Behälter oder in einen Plastikbeutel und hebt es im Kühlschrank auf. Die Verpackung schützt das zarte Aroma vor anderen Gerüchen.

Gemüse muß schnell gewaschen und danach sofort abgetrocknet werden. Viele Vitamine sind wasserlöslich, deshalb sollte man darauf achten, daß Gemüse möglichst wenig mit Wasser in Berührung kommt.

Gemüse schneiden

Auch einfache Gerichte bekommen eine besondere Note, wenn man das Gemüse mit Sorgfalt schneidet.

Wenn man Karotten diagonal schneidet, kommt ihre schöne innere Zeichnung besser zur Geltung. Stapelt man diese Scheiben aufeinander und schneidet sie noch einmal, erhält man dünne Stifte von Streichholzdicke.

32

Schmetterlinge aus Staudensellerie stellt man her, indem man die Gemüsestengel diagonal schneidet.

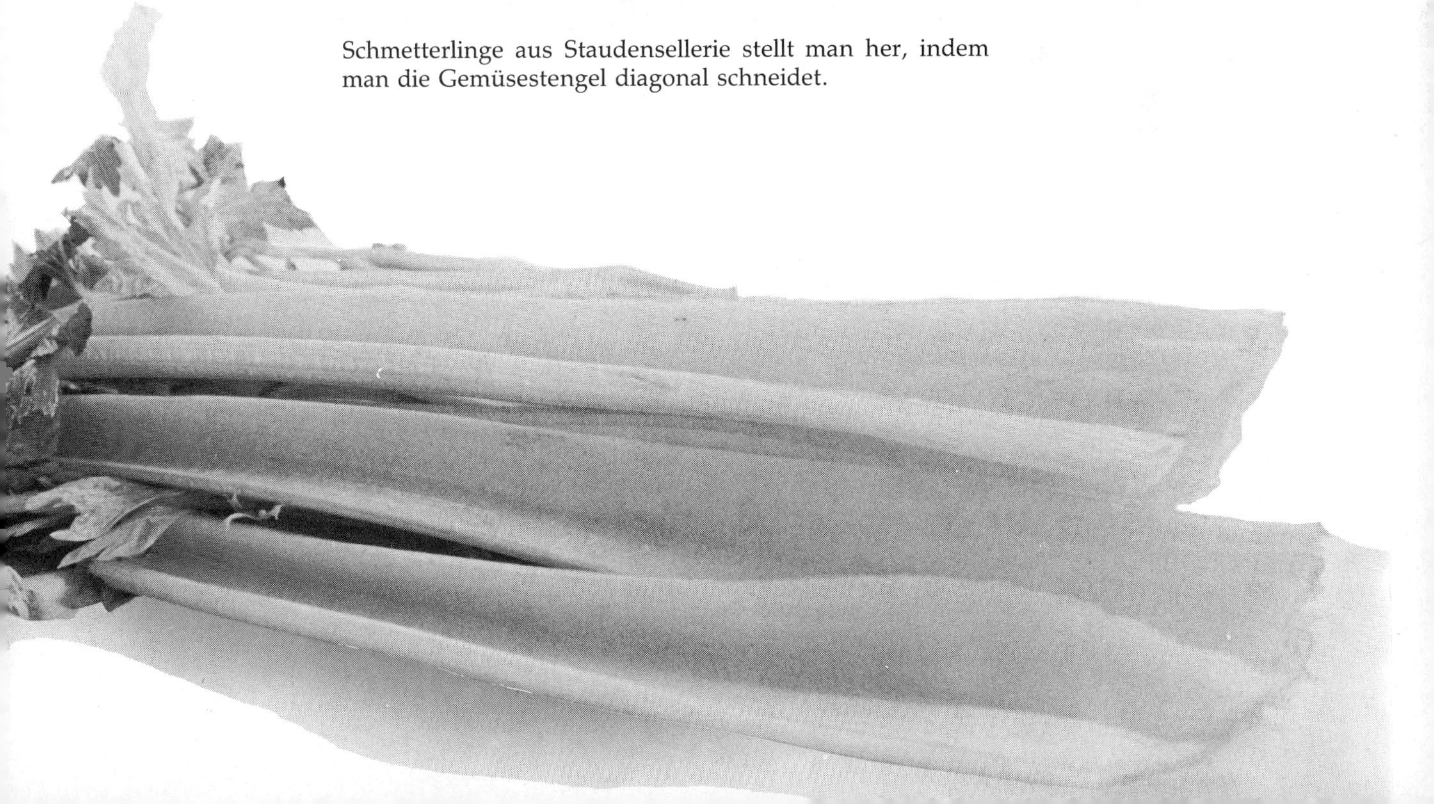

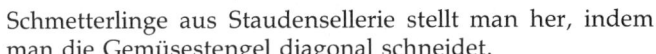

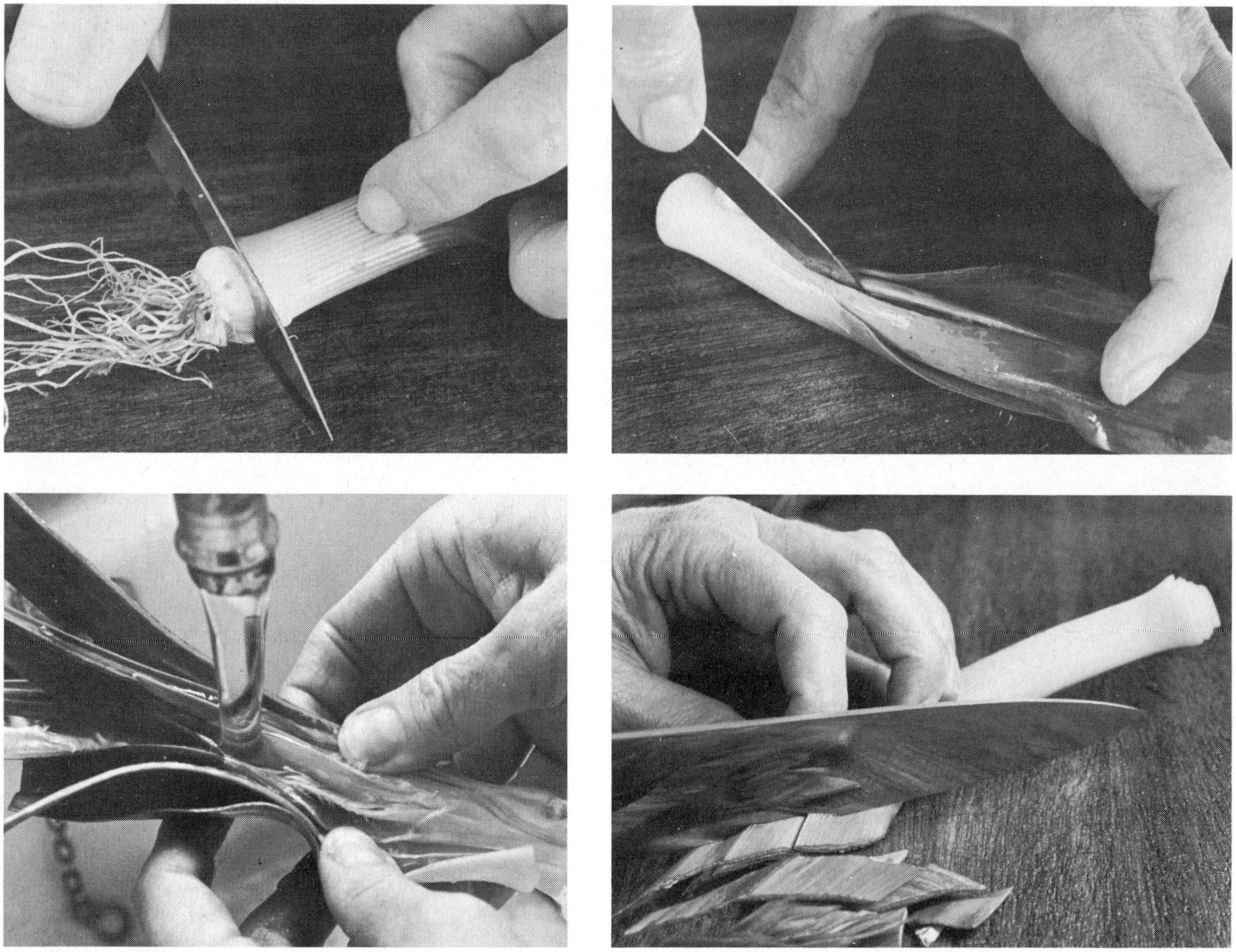

Beim Lauch entfernt man vor dem Waschen die Wurzel und alle welken Stellen und schneidet die Stange der Länge lang mit einem spitzen Messer auf. Jetzt kann man Erde und Schmutz, die sich innen versteckt haben, ganz leicht auswaschen. Danach wird der Lauch ebenfalls diagonal geschnitten.

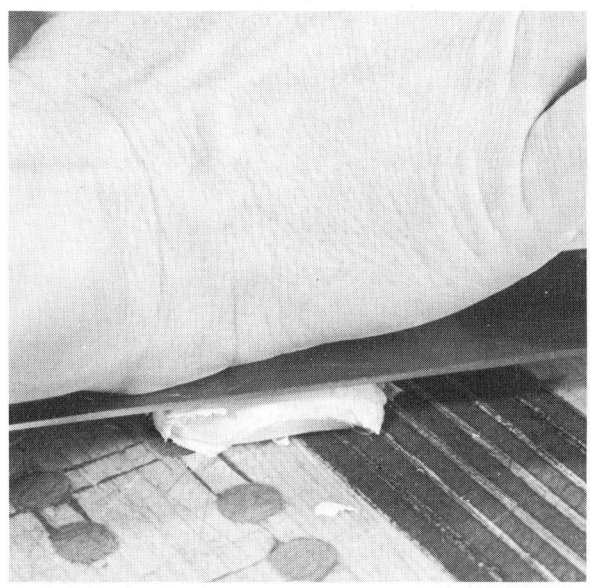 

Knoblauchzehen lassen sich besser schälen, wenn man jeder Zehe zuerst einen Schlag mit dem flachen Messer versetzt. Das löst die Haut.

 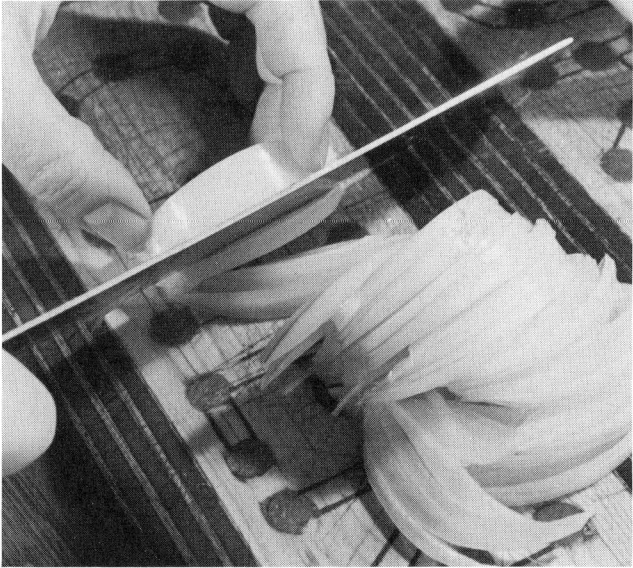

Will man gleichmäßige halbmondförmige Zwiebelscheiben herstellen, schneidet man die Zwiebel in der Hälfte durch und beginnt mit dem Schneiden zunächst unmittelbar am Schneidebrett und folgt der natürlichen, deutlich erkennbaren Zeichnung der Zwiebel.

Kochmethoden

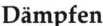

Dämpfen

Für die meisten Gemüsesorten eignet sich das Dämpfen besonders gut. Bei dieser Methode bleiben das natürliche Aroma und die Nährstoffe erhalten. Wer keinen Dampfdrucktopf besitzt, sollte sich einen kleinen rostfreien Dampfeinsatz besorgen, der in einen normalen Kochtopf paßt. Man bekommt ihn in vielen Haushaltwarengeschäften. Man gibt etwas Wasser in den Topf, läßt es aufkochen und stellt den Dampfeinsatz mit dem Gemüse hinein und dämpft, bis das Gemüse gar ist. Vor dem Servieren kann man das Gemüse in Butter schwenken, mit Tamari würzen oder mit frisch gehackten Kräutern bestreuen.

Backen

Allgemein bekannt sind sicher gebackene Kartoffeln. Aber haben Sie schon einmal probiert, auch rote Bete, Zwiebeln oder Winterkürbis zu backen?

Rote Bete: Backofen auf 220 Grad vorheizen. Rote Bete waschen, Wurzelenden abschneiden, die Rüben aber nicht schälen. Auf ein Backblech legen und je nach Größe 1 bis 1½ Stunden backen. Die Rüben sind gar, wenn man sie mit einer Gabel leicht anstechen kann. Man bringt sie in der Schale auf den Tisch. Sie sind wunderbar knusprig und schmecken süß.

Zwiebeln: Backofen auf 190 Grad vorheizen. Zwiebeln waschen, aber im ganzen und ungeschält lassen. Man backt sie auf dem Blech etwa 1½ Stunden, bis man sie mit einem Spießchen leicht anstechen kann. Vor dem Servieren entfernt man die Schale. Das geht am besten, wenn man die Wurzel abschneidet, in der alle Schalen zusammengehalten werden. Wenn man dann die Schalen etwas zusammendrückt, gleitet die Zwiebel ganz leicht heraus. Man serviert mit zerlassener Butter oder mit gebratenen Pilzen und garniert mit gehackter Petersilie.

Winterkürbis: (Bei uns werden bisher kaum Winterkürbisse angeboten. Geeignet sind Sorten wie »Butternut« oder »Acorn«.)
Zubereitung: Kürbis waschen und abtrocknen, im ganzen bei 190 Grad mindestens 1 bis 1½ Stunden backen, bis man ihn mit einem Hölzchen leicht einstechen kann. Sobald der Kürbis gar ist, nimmt man ihn aus dem Backofen, schneidet ihn einmal längs durch, entfernt Fäden und Samen und serviert mit zerlassener Butter und Petersilie oder mit in Butter und etwas Knoblauch gebratenen Pilzen.

Gebackene Kartoffeln: Gebackene Kartoffeln ergeben ein einfaches, leichtes Hauptgericht, wenn man sie mit geriebenem Käse, Joghurt oder saurer Sahne, Schnittlauchröllchen und gebratenem Gemüse (Pilze, Paprikaschoten, Zwiebeln, Zucchini usw.) auf den Tisch bringt.

Braten à la Michael Worth

Diese Methode eignet sich besonders für die verschiedenen Kohlarten und anderes Blattgemüse. Gemüse waschen und schneiden, dabei etwas Wasser an den Blättern lassen. In einer großen Pfanne Butter schmelzen, Gemüsestreifen hineingeben und rühren, bis die Butter sich gleichmäßig verteilt hat. Dann den Deckel aufsetzen, Hitze zurückschalten und braten, bis das Gemüse gar ist. Gelegentlich umrühren, damit nichts anbrennt. Zum Schluß würzt man mit Kümmel oder Kräutern. (Michael gibt an alles Bier oder Kurkuma. Dazu würde ich aber nicht raten!)

Pfannenrühren

Um das Brennmaterial möglichst gut zu nutzen, entwickelten die Chinesen die Methode des Pfannenrührens. Es geht besonders rasch, weil dabei das Gemüse sehr dünn geschnitten und in einer Mischung aus Öl und Dampf gegart wird. Die wertvollen Nährstoffe der Brühe gehen nicht verloren, da die Flüssigkeit zu einer Soße eingedickt wird. Die klassischen Gewürze für pfannengerührte Gerichte sind Knoblauch und Ingwer, es können aber ebenso gut andere Gewürze Verwendung finden. (Sehr gut schmecken in streichholzdicke Stäbchen geschnittene Karotten, die man mit Kreuzkümmel abschmeckt.)

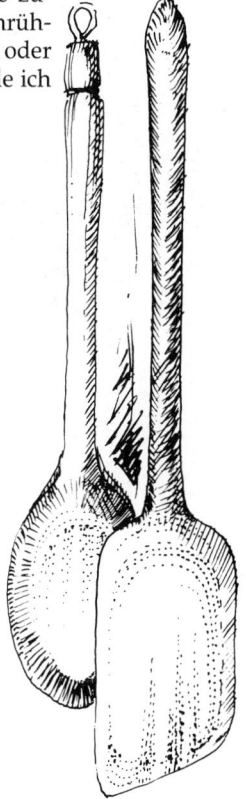

Das passende Gerät für das Pfannenrühren ist der Wok mit Deckel. Wer keinen besitzt, nimmt eine große Bratpfanne oder Kasserolle, die nach Möglichkeit abgerundete Ecken haben sollte.

Gemüsesorten, die sich besonders gut zum Pfannenrühren eignen, sind lange Mungobohnensprossen, Schnee-Erbsen (Zuckererbsen), Staudensellerie und Pilze.

Sobald das Gemüse gar und die Soße fertig ist, kann man geröstete Cashewnüsse oder abgezogene, geröstete Mandeln hinzufügen. Auch in Würfel geschnittener Tofu paßt sehr gut, man darf ihn allerdings erst ganz zum Schluß beifügen, damit er nicht während des Rührens zu sehr auseinanderfällt.

Die auf den folgenden Seiten beschriebene Methode kann man abwandeln, indem man Tamari durch Salz ersetzt. In diesem Falle bekommt man eine weiße anstatt einer braunen Soße.

Pfannenrühren

1. Wählen Sie verschiedene Sorten Gemüse, die in Farbe und Beschaffenheit eine größtmögliche Vielfalt ergeben. Häufig verwendet man zum Pfannenrühren Zuckererbsen, Bohnensprossen, Pilze und Staudensellerie.
2. Gemüse ganz dünn schneiden und auf einer großen Platte oder in einzelnen Schüsselchen bereitstellen. Gemüse mit etwa gleicher Garzeit gibt man zusammen in die Pfanne. So brauchen zum Beispiel Karotten und Zwiebeln ungefähr die gleiche Zeit, Pilze dagegen sind sehr schnell fertig; deshalb kommen sie erst zum Schluß in die Pfanne.
3. Knoblauch ganz fein hacken, Ingwer reiben. Für eine kleine Portion Gemüse nimmt man jeweils 1 Teelöffel voll.
4. 2 bis 8 Eßlöffel Maisstärke oder Pfeilwurzmehl mit etwas kaltem Wasser anrühren.
5. Knoblauch, Ingwer, das vorbereitete Gemüse, Öl, Tamari, Wasser und das angerührte Stärkemehl in Griffweite bereitstellen.
6. Den Wok auf die stark erhitzte Herdplatte setzen.
7. Sobald er heiß ist, etwas Öl hineingießen, Knoblauch und Ingwer dazugeben.
8. Die Gemüse mit der längeren Garzeit hinzufügen.
9. Alles schnell durchrühren, damit das Gemüse rasch anbräunt und das Aroma erhalten bleibt.

38

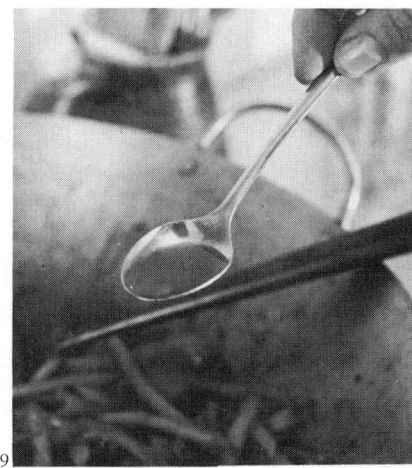

16

18

19

10. Etwas Wasser aufgießen.
11. Rasch den Deckel aufsetzen. Gemüse einige Minuten kochen lassen, aber sofort die Hitze zurückdrehen, wenn es zu heftig brodelt und anbrennen könnte.
12. Restliches Gemüse hinzufügen. Die Garzeit hängt davon ab, welche Sorten man verwendet und wie dünn alles geschnitten ist. Wenn man die unterschiedlichen Kochzeiten berücksichtigt und die Gemüse in der richtigen Reihenfolge zugibt, sollte schließlich alles gleichzeitig gar sein.
13. Gemüse unterrühren und Deckel wieder aufsetzen.
14. Gemüse kochen lassen, bis alles durch, aber noch kernig ist. Am besten probiert man ein paar Stückchen, ob sie noch »Biß« haben.
15. Die nächsten drei Schritte müssen sehr schnell geschehen, damit das Gemüse weder anbrennt noch zu weich wird. Den Wok etwas kippen, damit sich alle Kochflüssigkeit an einer Seite sammelt. Mit Tamari abschmecken.
16. Angerührtes Stärkemehl noch einmal durchrühren.
17. Dann in die kochende Flüssigkeit geben.
18. Die Soße rasch mit dem Gemüse verrühren. Alles gut miteinander vermischen. Die Soße sollte gerade so dick sein, daß das Gemüse gebunden wird.
19. Soße probieren und nach Geschmack mit Tamari nachwürzen. Falls nötig, noch etwas andicken.

Sofort   servieren!

Schmackhafte Hauptgerichte

Beim Essen soll eure Haltung Freude, Lust und Dankbarkeit ausdrücken.
Seid euch ständig bewußt, daß dies alles *Meine* Gaben sind.

Eileens Weisung

Die vegetarische Küche hält sich nicht streng an die klassische Einteilung in Hauptgerichte, Zwischengerichte und Beilagen. Oft ergibt eine kräftige Suppe oder ein herzhafter Salat eine vollständige Mahlzeit. Ein andermal wird aus verschiedenen Gemüsebeilagen der Hauptgang zusammengestellt. Auch wenn die folgenden Anregungen als »Schmackhafte Hauptgerichte« bezeichnet sind, sollten Sie daran denken, daß man die sogenannten Haupt- und Zwischengerichte fast immer austauschen kann. Auf diese Weise wird das Kochen mit Gemüse unendlich vielseitig. Sie werden immer wieder neue Kombinationen finden und abwechslungsreiche Mahlzeiten auf den Tisch bringen, die auch alle nötigen Nährstoffe enthalten.

Einfaches Hauptgericht

1. Hirse in eine Schüssel geben und mit kochendem Wasser übergießen. Getreide waschen, Wasser abgießen. Den Vorgang wiederholen. (Dadurch wird die Hirse nicht nur gewaschen, sondern gleichzeitig ihre Garzeit verkürzt.)
2. Milch zum Kochen bringen, abgetropfte Hirse und Salz hinzufügen. 20 Minuten leise kochen lassen, bis das Getreide gar ist.
3. Zwiebeln schälen und schneiden. In Öl knusprig braun braten.
4. Kohl waschen, vierteln und den harten Strunk entfernen. Kohl in mundgerechte Stücke schneiden, dämpfen.
5. Beim Servieren gibt man auf jeden Teller einen Löffel Kohl, dazu einen Löffel Hirse und darüber die geröstete Zwiebel.

185 g Hirse

570 ml Milch

½ Teelöffel Salz

2 Zwiebeln

2 Eßlöffel Öl

1 Kopf Kohl

Ergibt 4 Portionen

Überbackener Blumenkohl mit Käse

In unserer Gemeinschaft wahrscheinlich das beliebteste Gericht – vielleicht deshalb, weil es so einfach zuzubereiten ist, daß fast jeder es kann. Dabei schmeckt es wunderbar!

1. Backofen auf 190 Grad vorheizen.
2. Blumenkohl waschen und in einzelne Röschen zerteilen. Nicht zu weich kochen. Gemüsewasser aufheben.
3. In einer Pfanne Butter zerlaufen lassen. Mehl, Salz und Senfpulver darin verrühren, mindestens 5 Minuten bei geringer Hitze anrösten.
4. Die Flüssigkeit unter ständigem Rühren nach und nach zugeben. Kochen, bis die Masse dick wird. (Wenn man die Hälfte der Milch durch Kochwasser ersetzt, bekommt das Gericht ein intensiveres Blumenkohlaroma.)
5. Sobald die Soße dick ist, gibt man den geriebenen Käse hinein und rührt, bis er vollkommen geschmolzen ist.
6. Blumenkohl in eine gebutterte Form geben und Soße darübergießen.
7. Etwa 30 Minuten überbacken, bis die Soße brodelt und oben braun wird.

510 g Blumenkohl (ohne Blätter gewogen)

60 g Butter

4 Eßlöffel Mehl

½ Teelöffel Salz

½ Teelöffel Senfpulver

½ l Milch
(oder halb Milch und halb Blumenkohl-wasser)

225 g Cheddarkäse (gerieben)

Paprika

Ergibt 4 Portionen

Paprikaschoten mit Pilzfüllung

3 große rote Paprikaschoten

225 g frische Pilze

2 Eßlöffel gehackte Petersilie

30 g Topinambur

85 g Goudakäse

85 g Butter

30 g Zwiebeln, fein gehackt

40 g Mehl

½ Teelöffel Senfpulver

½ Teelöffel Salz

340 ml saure Sahne

Ergibt 6 Portionen

1. Wasser zum Kochen bringen.
2. Paprikaschoten der Länge nach halbieren, Stiel und Samen entfernen. Ins kochende Wasser geben und unbedeckt 4 Minuten sieden. Aus dem Wasser nehmen und auf einem Sieb abtropfen lassen.
3. Pilze putzen und in Scheiben schneiden.
4. Petersilie hacken. Topinambur in Scheiben schneiden.
5. Käse reiben.
6. Zwiebeln hacken.
7. Einen Teil der Butter in einem kleinen Topf zerlaufen lassen und darin die Zwiebeln glasig anbraten.
8. Restliche Butter zugeben. Mehl, Senf und Salz hinzufügen. Bei geringer Hitze 5 Minuten unter ständigem Rühren andünsten.
9. Unter Rühren die saure Sahne zugeben und erhitzen, bis die Masse dick wird.
10. Vom Herd nehmen und Petersilie, Topinambur und die in Scheiben geschnittenen Pilze unterziehen.
11. Die Füllung in die Paprikahälften geben. Geriebenen Käse darüberstreuen.
12. Etwa 5 Minuten unter den Grill schieben oder auf die oberste Schiene des sehr heißen Backofens stellen, bis der Käse schmilzt. Sofort servieren.

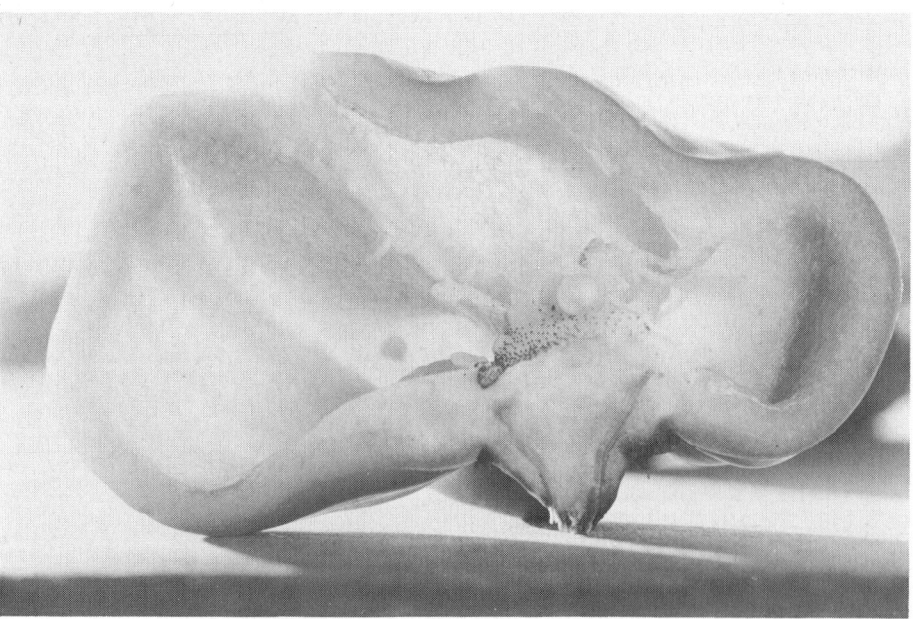

»Erhabenes« Käsesoufflé

Sir George Trevelyan gewidmet. Er gab diesem Gericht seinen Namen.

1. In einem Topf Butter zerlaufen lassen, Mehl hinzufügen und mit dem Schneebesen glatt verrühren. Salz, Senfpulver und Cayennepfeffer dazugeben und bei schwacher Hitze mindestens 5 Minuten unter ständigem Rühren andünsten.
2. Auf mäßige Hitze heraufschalten. Während man die Masse ständig weiter mit dem Schneebesen rührt, vorsichtig die Milch dazugießen. Sobald die Soße dick wird und gerade anfängt zu kochen, den Topf vom Herd nehmen.
3. Geriebenen Käse unterrühren, bis alles geschmolzen ist. Soße abkühlen lassen.
4. Backofen auf 180 Grad vorheizen.
5. Eiweiß steifschlagen, beiseite stellen.
6. Eigelb leicht durchschlagen und in die Käsesoße geben. Gründlich verrühren.
7. Eiweiß vorsichtig unter die Käsemischung heben. Der Eischnee darf nicht zu sehr zusammenfallen, davon hängt es ab, ob das Soufflé schön leicht und locker wird.
8. Boden und Seiten einer Backform mit geraden Wänden (Souffléform) gut buttern und mit Mehl bestäuben. Am besten versucht man, unter den vorhandenen Backformen eine zu finden, die von der Soufflémasse mindestens zu Dreiviertel gefüllt wird. Während des Backens geht das Soufflé auf, und es erhebt sich eine goldgelbe Wölbung, fast wie eine Krone (daher der Name).
9. Masse in die Backform füllen. Etwa 40 Minuten backen, bis das Soufflé fest ist und das Messer trocken bleibt, wenn man damit hineinsticht.

40 g Butter

3 Eßlöffel Mehl

¼ Teelöffel Salz

½ Teelöffel Senfpulver

⅛ Teelöffel Cayennepfeffer

225 ml Milch

225 g Cheddarkäse, gerieben

6 Eiweiß

6 Eigelb

Ergibt 4 bis 6 Portionen

Tofu Teriyaki

1 kg Tofu

2 Teelöffel Ingwer,
frisch gerieben

5 Zehen Knoblauch

2 Eßlöffel Öl

½ Teelöffel Senfpulver

110 ml Apfelsaft-
konzentrat

110 ml Tamari

¼ l Wasser

etwa 2 Eßlöffel
Pfeilwurz- oder
Stärkemehl

4 Eßlöffel kaltes Wasser

Petersilie

Ergibt 6 Portionen

1. Tofu in Scheiben schneiden, Flüssigkeit abgießen. Eine feuerfeste Glasform mit den Tofuscheiben auslegen.
2. Im Mixer Ingwer, Knoblauch, Öl, Senf und Apfelsaftkonzentrat pürieren. Tamari und Wasser dazugeben und alles noch einige Sekunden verrühren.
3. Diese Soße über die Tofuscheiben gießen und zwei Stunden ziehen lassen.
4. Backofen auf 210 Grad vorheizen.
5. Tofu in der Marinade 20 Minuten überbacken, bis alles durch und durch heiß ist.
6. Tofu vorsichtig auf eine vorgewärmte Platte heben. Platte in den warmen Backofen stellen, während man die Soße fertigmacht.
7. Soße aus der Backform in einen Topf gießen.
8. Stärkemehl mit kaltem Wasser anrühren und während des Erhitzens in die Soße rühren. Wieviel Stärkemehl nötig ist, hängt davon ab, ob viel Flüssigkeit während des Backens verlorengegangen ist. Man rührt das Stärkemehl nach und nach in die Soße, bis sie die gewünschte Konsistenz hat.
   Hinweis: Pfeilwurzmehl muß nicht mehr aufkochen, wie das bei Maisstärke oder Mehl der Fall ist.
9. Soße über Tofu gießen, mit Petersilie bestreuen.

Anmerkung
Die verschiedenen Fabrikate Apfelsaftkonzentrat und Tamari sind unterschiedlich stark, deshalb kann sich der Geschmack der Soße verändern, wenn man die gewohnte Marke wechselt. Um das richtige Gleichgewicht zwischen Süß und Salzig zu erhalten, muß man bei Bedarf noch etwas Konzentrat oder Sojasoße hinzufügen.

Moussaka

1. Auberginen schälen und in Scheiben schneiden, salzen. Mindestens ½ Stunde den bitteren Saft herausziehen lassen. Auberginen trockentupfen.
2. Auberginenscheiben in Olivenöl braten. Überschüssiges Öl abtropfen lassen.
3. Walnüsse, Semmelbrösel, Weizenkeime, Pfeffer, Ei und Milch miteinander verarbeiten. Die Mischung sollte feucht sein.
4. Zwiebeln und Pilze schneiden. Zwiebeln in Öl glasig werden lassen, dann die Pilze hinzufügen und alles weiterbraten, bis die Pilze eben gar sind.
5. Zur Zwiebel-Pilz-Mischung die Nußmasse, das Tomatenmark und den Zimt geben. Wasser hinzufügen und 10 Minuten bei geringer Hitze kochen, dabei häufig umrühren. Petersilie dazugeben.
6. Backofen auf 190 Grad vorheizen.
7. Abwechselnd eine Lage Auberginen und eine Lage Nußmasse in eine gebutterte Form geben. Man beginnt und schließt mit Auberginen.
8. Butter in einer Kasserolle zerlaufen lassen. Mehl, Muskat und Salz dazugeben und bei geringer Hitze unter ständigem Rühren 5 Minuten andünsten. Mit dem Schneebesen die Milch hineinrühren und bei mäßiger Hitze unter ständigem Rühren aufkochen, bis die Soße dick wird. Eigelb in eine Schüssel schlagen, ein wenig Soße mit dem Eigelb verrühren, diese Mischung unter die Soße ziehen. Vorsichtig erhitzen, aber nicht mehr kochen lassen.
9. Soße über die Auberginen gießen.
10. Mit geriebenem Parmesankäse bestreuen.
11. Etwa 45 Minuten überbacken, bis alles durch und durch heiß und die Kruste schön braun ist.

1,25 kg Auberginen

Salz

Olivenöl

110 g gemahlene Walnüsse

30 g Semmelbrösel

30 g Weizenkeime

¼ Teelöffel Pfeffer

1 Ei

4 Eßlöffel Milch

2 Zwiebeln

170 g Pilze

4 Eßlöffel Tomatenmark

1 Teelöffel Zimt

4 Eßlöffel Wasser

30 g gehackte Petersilie

60 g Butter

4 Eßlöffel Mehl

½ Teelöffel Muskatnuß

¼ Teelöffel Salz

½ l Milch

2 Eigelb

4 Eßlöffel Parmesankäse

Ergibt 10 Portionen

Mama Imperatores italienische Tomatensoße

1 Knolle Knoblauch

5 bis 8 Zwiebeln

Olivenöl

4 Lorbeerblätter

2 Teelöffel Basilikum

2 Teelöffel Oreganum

2,6 kg ganze Tomaten
aus der Dose

425 g Tomatenmark

¼ l Rotwein

3 Teelöffel Salz

¼ Teelöffel Pfeffer

Prise Natron (mildert
die Säure)

Ergibt 25 Portionen
(3 Liter)

Man bereitet diese Soße am besten in größerer Menge zu und kann einen Teil einfrieren.

1. Knoblauch in einzelne Zehen zerteilen, schälen, zerdrücken.
2. Zwiebeln schälen und fein hacken.
3. In einem großen Suppentopf Knoblauch, Zwiebeln und Kräuter in Öl anbraten.
4. Tomatendosen öffnen, Inhalt in den Dosen lassen und Tomaten zerkleinern, indem man sie mit dem Messer ein paarmal durchschneidet.
5. Tomaten und Tomatenmark zur Zwiebelmischung geben, ebenso Wein, Salz, Pfeffer und Natron.
6. Soße zum Kochen bringen, dann die Hitze zurückschalten und mindestens 10 Stunden ganz schwach köcheln lassen. Am besten legt man eine Asbestplatte oder einen entsprechenden Untersatz zwischen Topf und Herdplatte, der das Anbrennen verhindert. Besonders gut läßt sich die Soße auch in einem Gefäß aus Steingut oder auf dem Kohleherd zubereiten. Gelegentlich überprüfen, ob die Soße nicht zu stark kocht. Bei Bedarf etwas Wasser nachgießen. Den Topf gut zugedeckt halten.
7. Die letzten 2 Stunden den Deckel abnehmen, damit die Soße einkocht und etwas dicker wird.
8. Soße zu Teigwaren oder Polenta servieren oder für die Zubereitung von Lasagne verwenden.

Gemüsezopf

So wird aus einfachen Zutaten etwas ganz Besonderes!

Füllung 1. Teil
1. Sellerie, Kartoffeln, Karotten, Pastinakwurzeln und Rüben waschen und in 1 cm groß
große Würfel schneiden. Die Erbsen ganz lassen.
2. Jedes Gemüse für sich dämpfen, bis es eben gar ist. Es darf nicht zerkochen! Wenn man tiefgekühlte Erbsen verwendet, läßt man sie nur auftauen, kocht sie aber nicht.
3. Gemüse gut abtropfen lassen.

Soße
1. Die Zwiebel 6- bis 8mal einschneiden und mit Nelken und Lorbeer spicken.
2. Milch mit der Zwiebel 15 Minuten erhitzen und wieder etwas abkühlen lassen.
3. In einem anderen Topf das Mehl in der zerlassenen Butter bei mittlerer Hitze mindestens 5 Minuten anschwitzen.
4. Unter ständigem Rühren die Milch durch ein Sieb dazugießen. Zugedeckt etwa 15 Minuten leise kochen lassen.
5. Geriebenen Käse unterrühren, bis er schmilzt.

Füllung 2. Teil
1. Zwiebeln in Scheiben schneiden und goldbraun rösten.
2. Käse reiben.

Füllung 1. Teil
110 g Sellerie
340 g Kartoffeln
270 g Karotten
140 g Pastinaken
140 g Kohlrüben
140 g grüne Erbsen

Soße
1 Zwiebel
4 Nelken
1 Lorbeerblatt
570 ml Milch
60 g Butter
60 g Mehl
½ Teelöffel Salz
15 g geriebener Käse

Füllung 2. Teil
2 Zwiebeln
Öl
110 g geriebener Käse

Ergibt 8 Portionen

51

 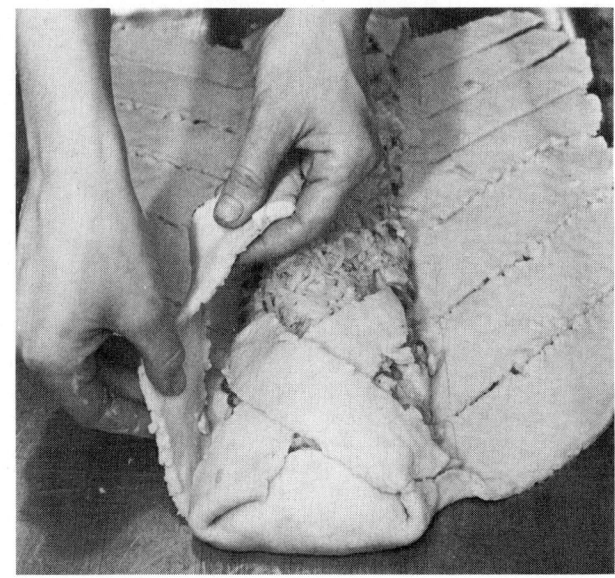

Teig

225 g Weizenmehl

½ Teelöffel Salz

100 g Margarine

3 Eßlöffel eiskaltes
Wasser

Zum Bestreichen

1 Ei

1 Eßlöffel Wasser oder
Milch

Bratensaft

2 Zwiebeln

30 g Butter

2 Eßlöffel Mehl

570 ml Brühe

Petersilie zum
Garnieren

Ergibt 8 Portionen

Teigzubereitung

1. Mehl mit Salz vermischen, Margarine einarbeiten, bis man eine krümelige Konsistenz erreicht.
2. So viel Eiswasser zugeben, daß der Teig zu einer Kugel geformt werden kann.

Bratensaft

1. Zwiebeln in feine Spalten schneiden.
2. Butter zerlaufen lassen, Zwiebeln darin ganz langsam ½ Stunde dünsten.
3. Das Mehl darunterrühren und mindestens 5 Minuten anrösten.
4. Brühe aufgießen und bei starker Hitze unter ständigem Rühren kochen, bis die Soße dick wird.
5. Falls nötig, salzen. Wenn man Wasser anstatt Brühe verwendet, muß man die Soße mit Tamari, Hefeextrakt, körniger Gemüsebrühe oder ähnlichem abschmecken.

Fertigstellung

1. Backofen auf 190 Grad vorheizen.
2. Gemüse mit so viel Soße vermischen, daß die Füllung zusammenhält, ohne wässerig zu sein.
3. Auf einer mit Mehl bestäubten Fläche den Teig so dünn wie möglich zu einem großen Rechteck ausrollen.
4. In Findhorn haben wir sehr große Backbleche und Öfen, deshalb hat bei uns die ganze Pastete auf einem großen Blech Platz. Im allgemeinen werden wahrscheinlich nur eine kleinere Form und ein kleiner Herd zur Verfügung stehen. Man schlägt in diesem Fall den Teig in der Hälfte zusammen, hebt ihn vorsichtig auf und breitet ihn über einem Backblech so aus, daß die Mitte der Teigplatte auf dem Blech zu liegen kommt. Die Enden können ruhig überstehen, sie werden später über die Füllung geschlagen.

52

5. Den Teig so einschneiden, wie auf dem Foto zu sehen ist. Die Streifen sollten etwa 2½ cm breit sein. Es muß an jeder Seite die gleiche Anzahl Streifen entstehen.
6. Das mit Soße gebundene Gemüse so sauber wie möglich auf dem Teig verteilen. Die Füllung sollte an den Enden und an den Seiten etwas flacher werden und nicht über die eingeschnittenen Teigstreifen hinausgehen.
7. Erst die gebratenen Zwiebeln, dann den geriebenen Käse auf der Füllung verteilen.
8. Den Teig zum Zopf flechten, wie es das Foto zeigt. Man beginnt am oberen Ende und faltet zuerst den überstehenden Teig über die Füllung, danach schlägt man abwechselnd einen Teigstreifen von rechts und einen von links über die Füllung. Ehe man ans Ende kommt, muß man auch hier rechtzeitig das überstehende Teigende über die Füllung klappen.
9. 1 Ei mit 1 Eßlöffel Wasser oder Milch verrühren, den Zopf damit bestreichen.
10. Etwa ½ Stunde backen, bis der Zopf schön braun ist.

Vor dem Servieren legt man den Zopf vorsichtig auf eine Platte. Dazu braucht man 2 Personen und mehrere Teigspachtel. Man garniert mit Petersilie und reicht den Bratensaft extra in einer kleinen Schüssel. Zopf in Scheiben schneiden und über jede Portion etwas Bratensaft geben.

Variationen
Bei dem angegebenen Gemüse handelt es sich um die Sorten, die wir mitten im Winter in Schottland zur Verfügung hatten. Anstelle der in diesem Fall vorherrschenden Wurzelgemüse kann man viele andere Sorten verwenden. Man kann aber auch anstatt verschiedener Gemüse nur eine Sorte nehmen, etwa Spinat oder Pilze.

Polenta

170 g Polenta oder Maismehl

¼ l kaltes Wasser

1 Teelöffel Salz

½ l kochendes Wasser

110 g geriebener Käse

½ l italienische Tomatensoße (siehe Seite 50)

Ergibt 4 Portionen

1. Polenta mit kaltem Wasser und Salz verrühren.
2. Wasser zum Kochen bringen. Die Maismehlmischung hineinrühren.
3. Wieder zum Kochen bringen. Unter ständigem Rühren leise kochen lassen, bis die Polenta dick wird.
4. Backofen auf 180 Grad vorheizen.
5. Backform buttern.
6. Die Hälfte der Polenta hineinfüllen, mit einer Lage geriebenem Käse bestreuen (ein wenig Käse zurückbehalten). Die restliche Polenta darübergeben und mit dem restlichen Käse bestreuen.
7. ½ Stunde überbacken. Inzwischen die Soße warm machen.
8. Sobald die Polenta durch ist, nimmt man sie aus dem Ofen und läßt sie 5 Minuten ruhen. Danach in Scheiben schneiden, mit Soße begießen, servieren.

Variation
Man gibt beim Erhitzen der Tomatensoße ½ Pfund kleingeschnittene Pilze dazu.

Spinatküchlein

225 g Spinat

85 g altbackenes Brot

85 g Cheddarkäse

2 Eier

¼ Teelöffel Knoblauchpulver

30 g geriebener Parmesankäse

Salz und Pfeffer

Mehl

½ l italienische Tomatensoße (s. S. 50)

15 g Parmesankäse

Ergibt 4 Portionen

1. Spinat waschen, weichdämpfen, Wasser abgießen.
2. Spinat, Brot und Käse miteinander kleinhacken (am besten in der Küchenmaschine).
3. Eier gut verschlagen und unter die Spinatmischung arbeiten.
4. Nach Geschmack mit Knoblauchpulver, Parmesan, Salz und Pfeffer würzen. Alles gut miteinander vermengen.
5. Den Teig in einen verschließbaren Behälter geben und mindestens 3 Stunden in den Kühlschrank stellen.
6. Aus der Mischung mit einem Eßlöffel kleine Bällchen formen, in Mehl wälzen, auf einen Teller legen.
7. Backofen auf 190 Grad vorheizen.
8. Die Klößchen in kochendes Salzwasser geben und sieden, bis sie an die Oberfläche steigen (nach etwa 1 Minute). Mit einem Teesieb oder Knödelheber herausnehmen, abtropfen lassen.
9. Die Klößchen in eine gebutterte feuerfeste Form legen, mit Tomatensoße übergießen, mit Parmesankäse bestreuen, überbacken.

Empfehlung
Dazu passen sehr gut Teigwaren.

Lasagne

1. Lasagne-Nudeln einzeln in kochendes Salzwasser legen, nach jeder Nudel umrühren.
2. Wenn die Nudeln noch nicht ganz gar sind, eine nach der andern aus dem Wasser nehmen und auf einem Tuch abtropfen lassen.
3. Mozzarella-Käse reiben. Mit Ricotta und verschlagenem Ei mischen, beiseite stellen.
4. Spinat fast weich dünsten, abtropfen lassen, in grobe Stücke schneiden.
5. Pilze sauber bürsten oder putzen. In Scheiben schneiden.
6. Béchamelsoße zubereiten: In einer Pfanne Mehl in die zerlassene Butter geben und 5 Minuten unter ständigem Rühren anschwitzen. Hitze stärker drehen und weiterrühren, währenddessen langsam die Milch aufgießen. Sobald die Soße dick wird, mit Muskatnuß und Salz würzen. Vom Herd nehmen, Spinat und Pilze unter die Soße rühren.
7. Parmesan und Semmelbrösel miteinander vermischen.
8. Fertigstellung der Lasagne: Man buttert eine große, flache, feuerfeste Form, belegt den Boden mit einer Schicht Nudeln, darauf kommt als nächste Lage die Hälfte der Tomatensoße, dann wieder Nudeln, darauf die Ricotta-Mischung, Nudeln, Béchamelsoße, Nudeln, die restliche Tomatensoße, Parmesan und Semmelbrösel.
9. Bei 180 Grad 1 Stunde überbacken, bis alles durch und durch heiß ist.

340 g Lasagne-Nudeln

½ l italienische Tomatensoße

110 g Mozzarella-Käse (oder Edamer)

170 g Ricotta-Käse (oder Hüttenkäse)

1 Ei

225 g Spinat

110 g Pilze

30 g Butter

2 Eßlöffel Mehl

¼ l Milch

¼ Teelöffel Muskatnuß

¼ Teelöffel Salz

30 g geriebener Parmesankäse

30 g Semmelbrösel

Ergibt 6 Portionen

Quiche mit Lauch und Pilzen

Teig

40 g feine Haferflocken

55 g Vollweizenmehl

30 g Sesamsamen

½ Teelöffel Salz

¼ Teelöffel Senfpulver

30 g geriebener Käse

70 g Butter

2 Eßlöffel Wasser

Füllung

200 g Lauch

110 g Pilze

55 g geriebener Käse

Petersilie

455 ml Milch

3 Eier

¼ Teelöffel Salz

Muskatnuß

Ergibt 6 Portionen

(Französischer Zwiebelkuchen)

Teigzubereitung

1. Haferflocken, Mehl, Sesam, Salz, Senf und geriebenen Käse miteinander vermischen.
2. Butter darunterkneten, alles gut miteinander verarbeiten.
3. So viel Wasser dazugeben, daß ein Teig entsteht.
4. Den Teig mit den Händen in eine runde Pastetenform von 23 cm Durchmesser drücken. Man kann jetzt den Teig in der Form eine Stunde oder länger in den Kühlschrank stellen und erst später die Quiche fertigmachen.
5. Backrohr auf 220 Grad vorheizen.
6. Teigboden etwa 15 Minuten vorbacken, aus dem Backofen nehmen.

Füllung

Man kann die Füllung zubereiten, während der Teigboden im Kühlschrank oder im Backofen ist.

1. Lauch putzen, indem man die Stangen längs mit dem Messer aufschneidet und gründlich die Erde herauswäscht, die sich vielleicht darin angesammelt hat. Alle welken Teile entfernen, dann den Lauch in 2 cm lange Stücke schneiden.
2. Lauch weichdämpfen, gut abtropfen lassen.
3. Pilze putzen, in Scheiben schneiden.
4. Käse reiben, Petersilie sehr fein hacken.
5. Um die Backzeit der Quiche zu verkürzen, bringt man die Milch zum Sieden.
6. Eier mit Salz verschlagen und in die Milch geben. Sorgfältig unterrühren.
7. Teigboden mit Lauch belegen, darauf die rohen Pilze, Käse und Petersilie verteilen, Eiermilch darübergießen, mit etwas Muskatnuß bestreuen.
8. Bei 190 Grad 35 bis 40 Minuten backen, bis die Quiche fest ist. Wenn man mit der Messerspitze in die Mitte sticht, darf nichts daran hängenbleiben.

Variationen

Will man eine feinere Quiche bereiten, nimmt man für den Boden den Mürbeteig nach dem Rezept auf Seite 126 im Abschnitt »Desserts«. Lauch und Pilze kann man durch jedes frische Gemüse der Saison ersetzen. Das Gemüse muß sehr dünn geschnitten und leicht angebraten oder gedämpft werden. Jedes Gemüse muß sehr gut auf einem Sieb abtropfen, ehe man die Quiche damit belegt. Als Vorspeise oder kleinen Imbiß kann man auch einzelne kleine Kuchen in passenden Förmchen backen.

Vegetarischer Hackbraten mit Bratensaft

Dieses Gericht schmeckt auch Nicht-Vegetariern.

Hackbraten

1. Linsen mit Salbei in ungesalzenem Wasser weichkochen, Wasser abgießen und aufheben.
2. Reis und Hirse zusammen in ungesalzenem Wasser kochen.
3. Zwiebel, Karotte und Sellerie waschen und fein schneiden. In Öl andünsten.
4. Backofen auf 180 Grad vorheizen.
5. In einer großen Schüssel oder im Elektromixer alle Zutaten miteinander verarbeiten. Der Teig muß sich zu einem großen Laib formen lassen, er darf nicht zu trocken sein. Falls noch etwas Flüssigkeit gebraucht wird, nimmt man ein wenig Linsenbrühe. Ein Tip: Wenn der Teig zu weich geworden ist, kann man ihn retten, indem man etwas Maismehl darunterknetet.
6. Abschmecken und bei Bedarf mit Tamari nachwürzen.
7. In eine mit Öl ausgepinselte Kastenform geben und eine Stunde backen.
8. In Scheiben schneiden. Vor dem Servieren gießt man über jede Scheibe ein wenig Bratensaft.

Bratensaft

1. Zwiebel in feine Halbmonde schneiden (siehe Anweisung Seite 35) und in Öl anbraten.
2. Pilze mit Bürste oder Tuch säubern (nicht waschen, da sie zuviel Wasser aufnehmen würden) und in Scheiben schneiden.
3. Sobald die Zwiebel glasig ist, Pilze dazugeben und alles zusammen kurz weiterdünsten, bis die Pilze gar sind.
4. Wasser, Basilikum und Lorbeerblatt dazugeben. Aufkochen, dann die Hitze herunterschalten und leicht köcheln lassen.
5. Maisstärke mit kaltem Wasser glattrühren. Unter ständigem Rühren in die kochende Brühe gießen, dabei ständig weiterrühren, bis die Soße die gewünschte Konsistenz hat.
6. Nach Geschmack mit Tamari würzen. Dies ergibt eine dicke, herzhafte Soße, die an nicht-vegetarische Bratensoße erinnert. Da die verwendete Sojasoße (Tamari) nicht immer gleich kräftig ist, darf man nicht die ganze Menge auf einmal dazugeben, sondern muß immer wieder abschmecken und nach und nach ein wenig mehr unterrühren, wie es der Geschmack verlangt.
7. Soße zugedeckt 20 Minuten köcheln lassen.

Zutaten

140 g grüne Linsen

½ Teelöffel Salbei

140 g Naturreis

140 g Hirse

1 Zwiebel

1 Karotte

2 Stengel Staudensellerie mit Blättern

2 Eßlöffel Öl

30 g Maismehl

30 g Mandeln oder Cashewnüsse, gemahlen

½ Teelöffel Thymian

½ Teelöffel Salz

1 Eßlöffel Tamari

15 g fein gehackte grüne Petersilie

Bratensaft

1 Zwiebel

2 Eßlöffel Öl

225 g Pilze (sehr reife Pilze sind kräftiger im Geschmack)

570 ml Wasser

½ Teelöffel Basilikum

1 Lorbeerblatt

6 Eßlöffel Maisstärke oder Pfeilwurzmehl

110 ml kaltes Wasser

3 bis 5 Eßlöffel Tamari

Ergibt 10 Portionen

Peters Omelett

3 Eier
⅛ Teelöffel Salz
Prise Pfeffer
Butter
Füllung

Ergibt 1 Omelett

Wir haben jahrelang Peters köstliche Omeletts genossen. Hier wird Schritt für Schritt erklärt, wie man sie zubereitet. Jede Portion wird für sich angerührt. Da jedes Omelett in weniger als dreißig Sekunden fertig ist, kann man sehr schnell eine ganze Anzahl davon backen. Sie schmecken am besten, wenn sie sofort gegessen werden. Wenn nötig, kann man sie aber auch im mäßig warmen Backrohr ein paar Minuten warmhalten.

1. Das Geheimnis guter Omeletts besteht darin, daß man eine dicke gußeiserne Pfanne verwendet, die nur für die Zubereitung von Omeletts benutzt und immer saubergehalten wird. Ist sie doch einmal schmutzig geworden, darf sie niemals ausgewaschen werden. Man erhitzt sie statt dessen, füllt sie mit Salz, erhitzt das Salz ein bis zwei Minuten, schüttet das Salz weg und wischt die Pfanne mit einem trockenen Tuch gut aus.
2. In einer Schüssel verschlägt man die Eier mit Salz und Pfeffer. Weder Wasser noch Milch hinzufügen!
3. Die Pfanne auf starker Flamme heiß werden lassen. Wenn sie zu rauchen beginnt, ein walnußgroßes Stück Butter hineingeben.

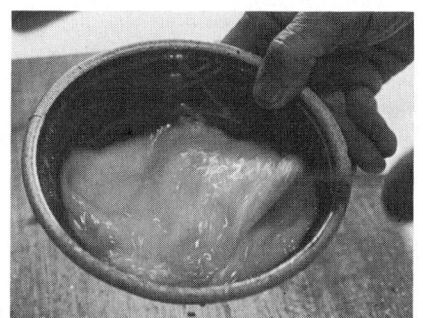

4. Butter zergehen lassen, und gerade unmittelbar ehe sie braun wird –
5. Eiermasse hineingießen.
6. Die Pfanne mit einer Hand hin- und herschütteln, mit der anderen Hand die Eier mit einer Gabel durchrühren.
7. Ein oder zwei Eßlöffel Füllung darauf verteilen (Rezepte für Füllungen finden sie auf der nächsten Seite.)
8. Die Pfanne schräg halten und das Omelett zusammenrollen.
9. Omelett einen Moment ruhen lassen, damit es fest werden kann.
10. Pfanne im rechten Winkel hochhalten und das Omelett auf einen Teller gleiten lassen.
11. Das Omelett mit der Hand in Form bringen.

Füllungen

Die folgenden Rezepte reichen für jeweils 4 Omeletts.

Pilzfüllung

455 g frische Pilze
120 g Butter
⅛ Teelöffel Salz

1. Pilze putzen und in Scheiben schneiden.
2. In Butter braten, bis sie eben weich sind. Salzen.

Tomaten-Käse-Füllung

225 g frische Tomaten
110 g Käse

1. Tomaten schälen und kleinschneiden.
2. Käse reiben
3. Tomatenwürfel auf das Omelett geben und den geriebenen Käse darüberstreuen.

Peters Spezialität:

Auberginen-Füllung

1 Zehe Knoblauch
60 g Zwiebeln
110 g Aubergine
60 g frische Tomaten
60 g frische Pilze
60 g grüne Paprika
60 g Butter
¼ Teelöffel Salz

1. Knoblauch schälen. Zwiebeln, Aubergine und Tomaten schälen und fein hacken. Pilze säubern und hacken. Paprika waschen und in Würfelchen schneiden.
2. In einer Pfanne Butter zerlaufen lassen. Knoblauch durch eine Knoblauchpresse in die Bratpfanne drücken. Gemüse und Salz hinzufügen. Langsam dünsten, bis alles gar ist und fast die Konsistenz einer dicken Soße bekommt.

Grünkohl nach holländischer Art.

Dazu passen Tomatenscheiben mit Joghurt.

1. Butter zerlaufen lassen, Estragon und Thymian hinzufügen und diese Buttersoße bis zum Servieren ganz schwach kochen lassen. Die lange Kochzeit ist nötig, damit die Soße ihren nußartigen Geschmack bekommt.
2. Kartoffeln waschen und kochen.
3. Grünkohl waschen, die Blätter von den Rippen streifen und weichdünsten. Gemüse abkühlen lassen und sehr fein hacken. Man kann nach Belieben etwas von der Gemüsebrühe in die Buttersoße geben.
4. Käse reiben.
5. Kartoffeln stampfen, etwas abdampfen lassen, dann gut mit Kohl, Käse, Milch, Pfeffer und Eigelb vermengen.
6. Eiweiß zu steifem Schnee schlagen, unter die Kartoffelmasse ziehen.
7. In eine gut gefettete Auflaufform füllen.
8. Bei 190 Grad 30 Minuten überbacken, bis alles durch und durch heiß und die Kruste leicht gebräunt ist.
9. Zum Servieren gibt man jede Portion auf einen Teller, drückt mit dem Löffel eine kleine Vertiefung in die Mitte und gibt dahinein etwas Soße.

225 g ungesalzene Butter

1 Teelöffel Estragon

½ Teelöffel Thymian

2 kg Kartoffeln

1 kg Grünkohl

340 g Käse, vorzugsweise Edamer

¼ l Milch

1 Prise Pfeffer

2 Eigelb

2 Eiweiß

Ergibt 8 Portionen

Bohnen mit Spinat

1. Bohnen waschen und verlesen. Mit dem Salbei ins Wasser geben und aufkochen lassen, dann vom Herd nehmen, bis alle Bohnen auf den Boden gesunken sind. Wieder zum Kochen bringen und bei geringer Hitze weichkochen (etwa 1½ Stunden). Kochwasser abgießen und aufheben.
2. Zwiebeln und Sellerie hacken, Knoblauch zerdrücken.
3. In einer großen Pfanne das Olivenöl erhitzen, Knoblauch eine Minute anbraten. Zwiebeln und Sellerie hinzufügen und dünsten, bis alles weich ist.
4. Kochwasser, Salz, Pfeffer, Petersilie und Basilikum zu Zwiebel und Sellerie geben und 10 Minuten durchkochen.
5. Bohnen darunterrühren, Spinat darauf verteilen.
6. Deckel auf die Pfanne setzen und dämpfen, bis der Spinat weich ist. Es kann nötig sein, etwas Wasser nachzugießen.
7. Spinat unter die Bohnen rühren.
8. Zum Servieren in eine Schüssel füllen und mit Parmesankäse bestreuen.

170 g weiße Bohnen (jede Sorte ist brauchbar)

½ Teelöffel Salbei

680 ml Wasser

2 Zwiebeln

3 Stengel Staudensellerie

4 Zehen Knoblauch

3 Eßlöffel Olivenöl

½ Teelöffel Salz

1 Prise Pfeffer

2 Eßlöffel gehackte Petersilie

½ Teelöffel Basilikum

455 g Spinat

30 g geriebener Parmesankäse

Ergibt 6 Portionen

Bauernpastete

Teig

115 g Mehl

½ Teelöffel Salz

2½ Eßlöffel Sesamsamen

55 g Backfett

140 ml Buttermilch oder saure Milch

Füllung

gut ⅛ l saure Sahne

¼ Teelöffel Dill

4 Eier

455 g Kohl

170 g Lauch oder Zwiebeln

30 g Butter

1 Eßlöffel Zitronensaft

255 g Pilze

¼ Teelöffel Basilikum

¼ Teelöffel Estragon

¼ Teelöffel Majoran

Salz nach Geschmack

Ergibt 6 Portionen

Zubereitung
1. Mehl, Salz und Sesam vermischen.
2. Das Fett hineinarbeiten, bis der Teig eine krümelige Konsistenz (etwa wie kleine Erbsen) bekommt.
3. So viel Buttermilch hinzufügen, daß sich eine Kugel formen läßt.

Bis hierher kann die Arbeit im voraus erledigt werden. Der Teig läßt sich leichter verarbeiten und wird lockerer, wenn man ihn einige Zeit kühl stellt. War der Teig aber länger im Eisschrank, legt man ihn eine halbe Stunde vor der weiteren Verwendung heraus.

Füllung
1. Dill mit der sauren Sahne verrühren und beiseite stellen.
2. Die Eier hart kochen, schälen, in Scheiben schneiden.
3. Den Kohl waschen und putzen, in Viertel schneiden, den Strunk entfernen, in Streifen schneiden und nicht zu weich dämpfen. Gut abtropfen lassen.
4. Lauch putzen und waschen und in mundgerechte Stücke schneiden. In Butter und Zitronensaft weich dünsten. Flüssigkeit abtropfen lassen.
5. Pilze putzen, in Scheiben schneiden, roh lassen.
6. Kohl, Lauch, Pilze, Basilikum, Estragon und Majoran miteinander vermengen. Abschmecken und evtl. nachsalzen.

Fertigstellung
1. Backofen auf 200 Grad vorheizen.
2. Zwei Drittel des Teigs ausrollen und Boden und Seiten einer mittelgroßen feuerfesten Form damit auslegen.
3. Die saure Sahne auf den Pastetenboden gießen, darauf die Eierscheiben und darüber die Gemüsemischung verteilen.
4. Das restliche Drittel des Teigs ausrollen und die Pastete damit abdecken. An den Kanten mit den Teigrändern der Bodenplatten fest zusammendrücken.
5. An der Oberseite einige dekorative Einschnitte anbringen, durch die der Dampf entweichen kann.
6. 15 Minuten backen, danach die Hitze auf 180 Grad zurückschalten und weitere 20 Minuten backen, bis die Pastete hellbraun wird.

Variationen
Die Grundzutaten der Bauernpastete sind Gemüse, Soße und Teigkruste. Man kann damit unendlich viele Variationen ausprobieren. Sobald man mit der Zubereitung der Pastete vertraut ist, kann man es einmal mit verschiedenen anderen Gemüsesorten versuchen oder zur Abwechslung die saure Sahne durch eine weiße Soße oder irgendeine andere Soße ersetzen (eine gute Möglichkeit, Reste zu verwerten!)

Kichererbsenpfanne

Hier wird altes Brot zu einem leckeren Gericht verarbeitet.

1. Kichererbsen waschen und verlesen. Mit Wasser und Salbei in einen Topf geben. Will man die Kochzeit verringern, weicht man die Erbsen über Nacht ein. Andernfalls bringt man sie zum Kochen, dreht dann die Hitze ab und läßt den Topf stehen, bis die Erbsen auf den Boden sinken. (Das dauert etwa 15 Minuten.) Danach wieder zum Kochen bringen und ziehen lassen, bis die Erbsen völlig weich sind (etwa 2 Stunden).
2. Wenn noch möglich, das trockene Brot in Würfel schneiden, kochendes Erbsenwasser darübergießen. Auch der härteste Brotrest muß vollkommen aufgeweicht werden. Wenn die Brühe nicht reicht, muß man noch kochendes Wasser aufgießen.
3. Backofen auf 180 Grad vorheizen.
4. Zwiebeln und Sellerie in Öl andünsten.
5. In einer großen Schüssel die Kichererbsen gut zerdrücken, das eingeweichte Brot dazugeben und alles miteinander vermengen. Dazu kann man die Küchenmaschine oder den guten alten Kartoffelstampfer benutzen.
6. Zwiebeln, Sellerie, Petersilie, Ei, Cayennepfeffer, Salz und Tamari dazugeben und gründlich daruntermengen. Probieren, ob die Masse salzig genug ist; nach Geschmack noch etwas Tamari dazugeben.
7. In eine gefettete feuerfeste Form füllen und mit geriebenem Käse bestreuen.
8. Etwa 40 Minuten überbacken, bis der Auflauf eine goldbraune Kruste bekommt.

140 g Kichererbsen

680 ml Wasser

½ Teelöffel Salbei

170 g trockenes Brot

110 g Zwiebeln, gehackt

110 g Staudensellerie mit Blättern, gehackt

2 Eßlöffel Öl

15 g Petersilie, gehackt

1 Ei

¼ Teelöffel Cayennepfeffer

1 Teelöffel Salz

1 Eßlöffel Tamari

110 g Käse, gerieben

Ergibt 4 bis 6 Portionen

Eriks Indonesische Reistafel

Nasi goreng (gebratener Reis), marinierter Tofu mit
Erdnußsoße, Knoblauch-Bananen, Sambal Oelek
(scharfe Soße), Salat und Garnierung.
Als Dessert eignet sich
frische Papaya mit einer Scheibe Zitrone.

Sambal Oelek

12 frische Tomaten oder
18 Tomaten aus der
Dose (Flüssigkeit
abgießen)

2 kleine Zitronen

20 kleine scharfe rote
Pfefferschoten
(Peperoni)

1 l Wasser

15 Schalotten

4 Knollen Knoblauch

2 Teelöffel Zucker

2 Teelöffel Salz

¼ l süße chinesische
Sojasoße

Alle Zutaten für diese Mahlzeit sind für 8 Portionen berechnet. Eine Ausnahme bildet die Soße. Sie können diese Soße auch in Feinkostgeschäften bekommen, die indonesische Spezialitäten führen. Unser Rezept ergibt eine größere Menge. Wenn man die Soße in ein sauberes Gefäß füllt und einfriert, hält sie sich fast unbegrenzt.

1. Tomaten schälen und kleinschneiden.
2. Die Schale der einen Zitrone abreiben, Saft beider Zitronen auspressen.
3. Die Pfefferschoten mit Gummihandschuhen sehr fein hacken. Handschuhe und Hände unmittelbar danach waschen und darauf achten, daß man das Gesicht nicht mit den Händen berührt. Pfefferschoten sind außerordentlich scharf!
4. Pfefferschoten mit dem Wasser in eine Kasserolle geben, zum Kochen bringen, die Tomaten zugeben und alles 10 Minuten leise kochen lassen.
5. Schalotten sehr fein hacken. Knoblauch in einzelne Zehen zerteilen, jede Zehe schälen und durch eine Knoblauchpresse drücken, die Rückstände kleinhacken.
6. Schalotten in ein wenig Öl andünsten. Sobald sie glasig sind, Knoblauch dazugeben und alles goldgelb rösten.
7. Schalotten und Knoblauch zu den Pfefferschoten geben, ebenso Zucker, Salz, Sojasoße, Zitronensaft und Schale.
8. Zum Kochen bringen und unter Rühren 15 Minuten kochen lassen.
9. Hitze zurückschalten und zugedeckt 4 bis 5 Stunden köcheln lassen. Vorsicht, daß die Soße nicht anbrennt! Am besten legt man eine Asbestplatte zwischen Topf und Herdplatte. Wird die Soße zu dick, gießt man etwas Wasser nach. Ist sie nicht dick genug, läßt man sie ein paar Minuten kräftig kochen. Die fertige Soße sollte die Konsistenz von Konfitüre haben. Man bewahrt sie in einem sauberen Gefäß mit gut schließendem Deckel auf.

Salat

Kann schon tags zuvor zubereitet werden.

1. Gemüse putzen, waschen und in kleine Würfel schneiden.
2. Joghurt und Zitronensaft darunterrühren, mit Salz und Pfeffer abschmecken.
3. In einem gut verschließbaren Gefäß an einem kühlen Platz mindestens 4 Stunden durchziehen lassen.

1 Karotte
110 g Blumenkohl
½ Gurke
1 rote Paprikaschote
2 Eßlöffel Petersilie, gehackt
Schnittlauch
2 saure Gurken
¼ l Joghurt
Saft einer ½ Zitrone
Salz und Pfeffer

Tofu

1. Tofu in Stücke schneiden und den Boden einer feuerfesten Glasform damit belegen.
2. Die übrigen Zutaten im Mixer pürieren, über den Tofu geben und 2 bis 3 Stunden ziehen lassen.
3. Tofu bei 210 Grad etwa 30 Minuten überbacken, bis alles durch und durch heiß ist.
4. Erdnußsoße darübergießen und servieren.
5. Übriggebliebene Marinade kann man durch ein Sieb geben und bei anderer Gelegenheit verwenden.

680 g Tofu
¼ l Tamari
¼ l Wasser
3 Zehen Knoblauch
15 g Ingwerwurzel

Erdnußsoße

1 Teelöffel
Zitronenschale

1 Eßlöffel Zitronensaft

1 Teelöffel
Orangenschale

1 Zwiebel

5 Zehen Knoblauch

1 Teelöffel geriebene
Ingwerwurzel

Öl

225 g Erdnußbutter

kochendes Wasser

1 Teelöffel Sambal Oelek
(scharfe Soße)

2 Eßlöffel süße
chinesische Sojasoße

2 Teelöffel brauner
Zucker

½ Teelöffel Salz

1. Zitronenschale abreiben, Zitrone auspressen. Orangenschale abreiben.
2. Zwiebel und Knoblauch fein hacken. Ingwerwurzel reiben.
3. Zwiebel in Öl andünsten. Sobald sie glasig wird, Knoblauch und Ingwer dazugeben und alles hellgelb rösten.
4. Erdnußbutter mit kochend heißem Wasser verdünnen, bis sie etwa die Beschaffenheit von fließendem Honig bekommt.
5. Erdnußbutter vorsichtig in einer schweren Pfanne oder im Wasserbad erhitzen.
6. Zwiebel, Knoblauch, Ingwer, Zitronensaft, Zitronen- und Orangenschale, Sambal Oelek, Sojasoße und Zucker dazugeben.
7. Alles gut miteinander verrühren. Abschmecken, ob noch Salz fehlt.
8. ½ Stunde langsam köcheln lassen. Aufpassen, daß diese Soße nicht anfängt richtig zu kochen! Wasser zugießen, wenn sie zu dick wird.

Tip für den Notfall
Wenn sich durch einen Fehler bei der Zubereitung die Soße absetzt, weil sie doch zu stark gekocht hat, rührt man ein wenig Maisstärke in kaltem Wasser an und gibt es in die Soße.

Garnierung

280 g Erdnüsse

90 g Kokosraspel

1. Backofen auf 180 Grad vorheizen.
2. Erdnüsse und Kokosraspel getrennt für sich rösten. Öfters wenden. Wenn jede Sorte einzeln geröstet ist, mischt man beides zusammen.
3. Die Nußmischung entweder in einem eigenen Schälchen auf den Tisch bringen oder vor dem Servieren über die angerichteten Speisen streuen.

Knoblauch-Bananen

1. Bananen schälen und in Scheiben schneiden.
2. Bananen, Zitronensaft und Knoblauchpulver in den elektrischen Mixer geben und bei geringer Geschwindigkeit ½ Stunde lang schlagen. Durch diesen Vorgang bekommt das Gericht seine charakteristische Flaumigkeit.
3. Bananenmasse in eine gefettete feuerfeste Form geben.
4. Bei 170 Grad 20 Minuten überbacken.

8 sehr reife Bananen

Saft einer ½ Zitrone

3 Eßlöffel
Knoblauchpulver

Nasi Goreng

1. Wasser zum Kochen bringen. Reis waschen und abtropfen lassen.
2. Reis und Salz ins kochende Wasser geben. Aufkochen lassen, danach die Hitze zurückschalten und zugedeckt 40 Minuten ziehen lassen, bis der Reis eben gar ist. *Er darf nicht zu weich werden.*
3. Gemüse waschen, putzen, klein schneiden. Die Erbsen ganz lassen. Tomate vor dem Schneiden schälen. Der Knoblauch wird zerdrückt, die Gemüse in ganz feine Scheibchen geschnitten, damit sie schnell weich werden. Versuchen Sie, das Gemüse in verschiedene Formen zu schneiden und seine Schönheit zur Geltung zu bringen.
4. Zwiebel in Öl andünsten. Sobald sie glasig ist, Knoblauch und Ingwer dazugeben, dann die übrigen Gemüse und Gewürze. Ein paar Tropfen Wasser aufgießen, den Deckel daraufsetzen.
5. Sobald das Gemüse gar ist, den heißen Reis unterrühren.
6. Man kann den Reis in einem zugedeckten Gefäß im mäßig heißen Backofen warmhalten oder sofort servieren.

¾ l Wasser

340 g Naturreis

¼ Teelöffel Salz

1 große Zwiebel

3 Zehen Knoblauch

3 Teelöffel
Ingwerwurzel, gerieben

1 große Karotte

3 rote Paprika

45 g Petersilie, fein gehackt

170 g Erbsen

170 g Bambussprossen

1 feste Tomate

Öl

3 Teelöffel Sambal Oelek (oder mehr)

2 Teelöffel Zucker

1 Prise Kurkuma

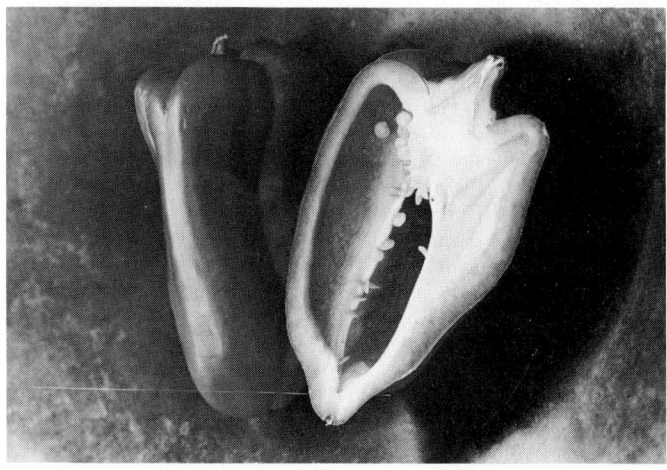

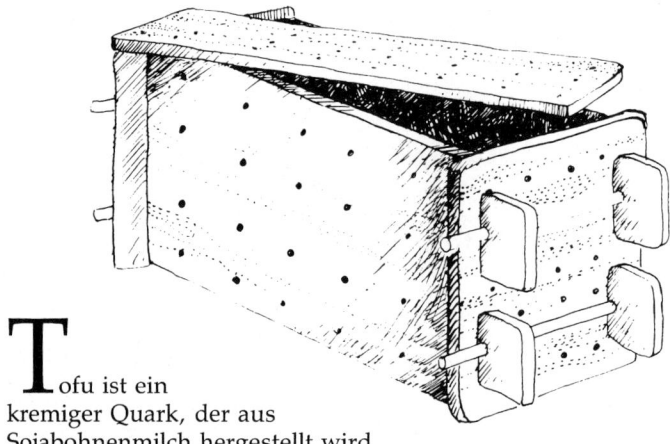

Tofu ist ein kremiger Quark, der aus Sojabohnenmilch hergestellt wird.

Er hat ein feines, mildes Aroma und ist sehr eiweißhaltig. Er nimmt leicht den Geschmack der Soße oder des Gemüses an, mit dem man ihn kombiniert.

Frisch ist der Tofu am besten. Wenn Sie kein Geschäft finden, das Sie mit frischem Tofu versorgt, können Sie ihn auch leicht zu Hause selbst herstellen. Auf den nächsten Seiten stellen wir Ihnen unsere Methode vor, die wir hier anwenden. Sie wurde von Jacques Cormier entwickelt, der auch auf den Abbildungen zu sehen ist. Die dabei benutzten Küchengeräte sind ziemlich groß, denn bei uns wird Bohnenquark für eine große Zahl von Menschen hergestellt. Man kann jedoch nach der gleichen Methode auch mit ganz normalen Küchengeräten arbeiten.

Hausgemachter Tofu

Dieses Rezept ergibt ungefähr 1 kg Tofu. Wer glaubt, diese Menge nicht innerhalb von zwei bis drei Tagen aufbrauchen zu können, sollte weniger zubereiten.

455 g Sojabohnen

Als Ferment entweder
1 Eßlöffel
Epsomer Bittersalz
oder
6 Eßlöffel Zitronensaft
oder
570 ml frisch geschöpftes
Meerwasser

Benötigtes Material und Gerät

Mixer

Küchenthermometer

Sieb

Seihtuch oder dünnes Baumwollgeschirrtuch

Behälter zum Festwerden (Man benutzt entweder ein Sieb oder eine Holzkiste mit abnehmbarem Deckel und Perforationen an allen Seiten. Zur besseren Reinigung sollte man sie ganz auseinandernehmen können.)

großer Suppentopf

1. Sojabohnen waschen und verlesen, in etwa der vierfachen Menge kaltem Wasser 8 bis 12 Stunden einweichen. Wenn die Zeit knapp ist und die Einweichdauer verkürzt werden soll, kann man auch heißes Wasser verwenden.
2. Die Bohnen sind soweit, wenn sie innen weiß sind.
3. Wasser abgießen und die Bohnen unter laufendem kaltem Wasser gut abspülen.
4. Mit Hilfe eines Meßbechers die genaue Menge der Bohnen feststellen, dann genau die doppelte Menge Wasser in einem großen Topf erhitzen.

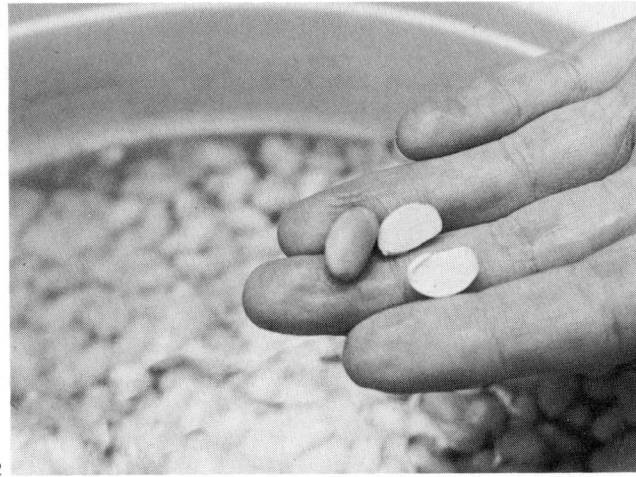

5. Jeweils die gleiche Menge Bohnen und heißes Wasser in einen Mixer geben. (Dabei handelt es sich übrigens nicht um das gleiche heiße Wasser, das man gerade auf dem Herd erwärmt.) Man muß die Küchenmaschine mindestens zur Hälfte füllen, damit die Bohnen auch wirklich gut püriert werden. Andererseits darf der Mixer auch nicht mehr als dreiviertel voll sein, da er sonst überlaufen könnte. Wenn das einmal geschieht, muß man die Masse sofort aufwischen, denn sie wird sehr klebrig und zäh, wenn sie antrocknet. Verlieren Sie nicht den Mut, wenn es beim erstenmal nicht gleich klappt! Das nächste Mal kennt man das Fassungsvermögen seines Geräts schon besser. Je nach Menge der Bohnen und Größe des Mixers wird man diesen Arbeitsgang mehrmals wiederholen müssen. Man püriert die Bohnen jeweils etwa 3 Minuten, bis eine glatte Masse entstanden ist.

6. Das Sojabohnenpüree in den großen Topf mit dem heißen Wasser geben.
7. Die Mischung auf 77 Grad erhitzen.
8. Ein Sieb mit einer doppelten Lage Käseleinen oder einem dünnen Baumwolltuch auslegen. Sieb über eine tiefe Schüssel hängen. Das heiße Sojabohnenpüree hineingießen.
9. Damit die Hände vor der Hitze geschützt sind, zieht man gefütterte Gummihandschuhe an, nimmt das Seihtuch zusammen und drückt soviel Milch wie möglich heraus. Wenn man nicht mit Gummihandschuhen arbeiten möchte, kann man das Seihtuch an den Enden zusammendrehen und dann mit Hilfe eines Glases oder Bechers die Flüssigkeit auspressen.

6

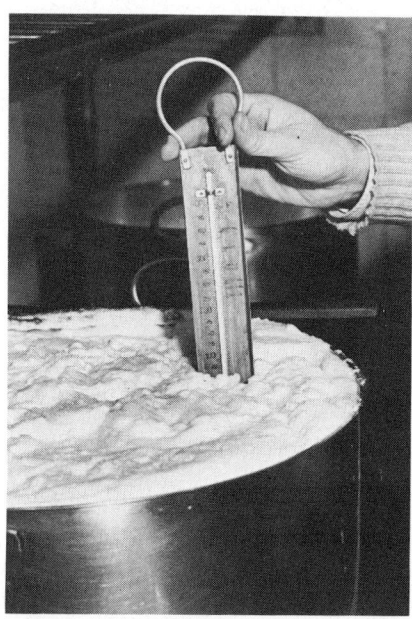
7

8

9

10. Die zurückbleibende nahrhafte Masse hebt man auf und verwendet sie zum Strecken von Aufläufen, als Zusatz zum Katzen- oder Hühnerfutter oder beim Brotbacken.
11. Wenn man eine große Menge Tofu zubereitet, empfiehlt es sich, mit zwei Sieben gleichzeitig zu arbeiten. Während in dem einen die Flüssigkeit abläuft, kann man die andere Portion schon ausdrücken.
12. Sobald der Topf leer ist, spült man ihn sofort aus, denn er wird unglaublich klebrig, wenn man das einmal versäumt. Das gilt für alle benutzten Küchenutensilien. Hinweis: Will man Sojamilch herstellen, ist der Vorgang jetzt abgeschlossen.
13. Sojamilch wieder in den Topf gießen und noch einmal warm machen.

 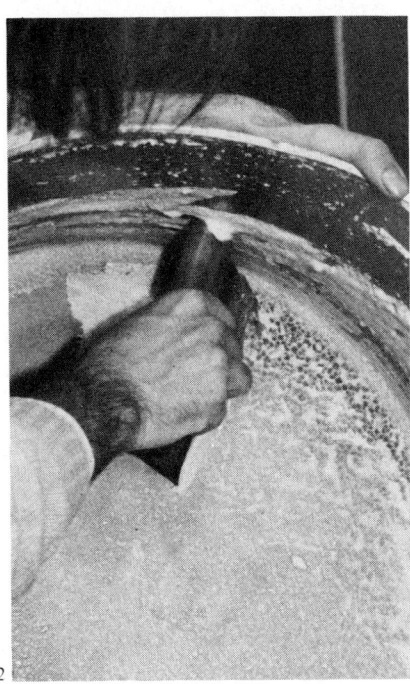 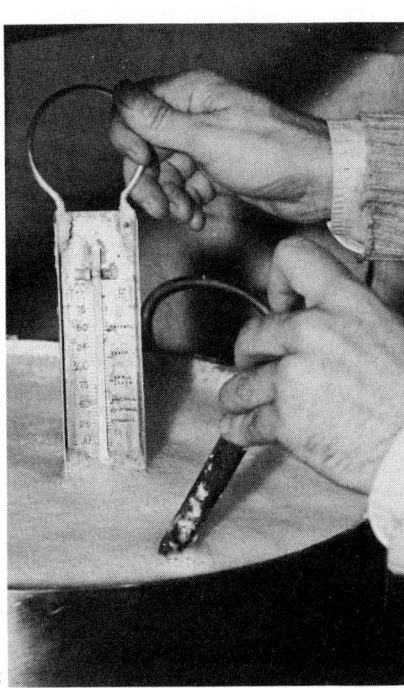

10   12   15

14. Inzwischen bereitet man die Fermentierflüssigkeit vor, indem man den gewählten Zusatz in 570 ml Wasser auflöst. Nimmt man Meerwasser, braucht man natürlich kein zusätzliches Wasser. Ein Tip: Bei Verwendung saurer Sojamilch ist gewöhnlich kein weiterer Zusatz nötig.
15. Sojamilch auf 93 Grad erhitzen.
16. Topf vom Herd nehmen, Milch vorsichtig umrühren und während des Rührens ein Drittel der Fermentierlösung dazugeben. Mit dem Rühren innehalten, den Rührlöffel einen Moment senkrecht stehen lassen, bis jede Bewegung aufhört, und ihn dann herausziehen. Ein weiteres Drittel der Fermentlösung oben auf die Sojamilch gießen.
17. Den Topf 3 bis 4 Minuten ohne zu rühren stehen lassen und beobachten, wie sich der Quark bildet.

16   17

18. Mit einem Holzlöffel vorsichtig probieren, ob die Milch durch und durch geronnen ist. Falls nötig, das letzte Drittel der Fermentlösung auch noch dazugeben. Man verrührt die Flüssigkeit nur mit der obersten Schicht im Topf. Noch einmal 3 Minuten stehen lassen. Ist immer noch kein Quark entstanden, muß man weiter Fermentierflüssigkeit zusetzen.

19. Aus der Masse sollten sich jetzt Tofu-Flocken gebildet haben, die in einer klaren Molke schwimmen. Es darf keine milchige Flüssigkeit mehr vorhanden sein.

20. Um die Molke zu entfernen, taucht man ein Sieb in den Topf und schöpft die Flüssigkeit heraus. Diese Molke hebt man auf und verwendet sie zur Zubereitung von Suppe oder beim Brotbacken. Man kann sie auch mit Tamari würzen und als Trinkbrühe servieren.

21. Man stellt nun den Behälter oder das Sieb, in dem der Käse fest werden soll, auf einen großen Topf, der die restliche Molke auffängt. Den Behälter oder das Sieb legt man mit Käseleinen (Geschirrtuch) aus und befeuchtet den Stoff mit etwas Molke. Dann schöpft man den Quark vorsichtig in den Behälter. Dabei muß man aufpassen, daß die Flocken, die sich gebildet haben, nicht zerstört werden.

18   19

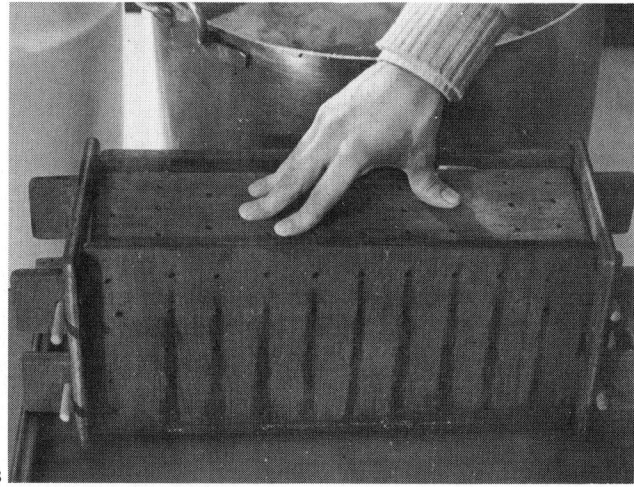

22. Die Enden des Seihtuchs übereinanderlegen, den Deckel aufsetzen oder einen Teller auf das Sieb legen.
23. Flüssigkeit herausdrücken.
24. Ein Gewicht auf die Abdeckung legen, bis keine Molke mehr aus den Öffnungen tropft. Oder aber den Tofu 6 bis 8 Stunden im Behälter liegenlassen, bis das eigene Gewicht die Molke herausgepreßt hat.
25. Ein Spülbecken mit Wasser füllen und den Behälter umgekehrt (mit der Oberseite nach unten) hineinsetzen.
26. Den Behälter abheben. Jetzt befindet sich der Deckel oder Teller unter dem Tofu.
27. Tofu vorsichtig zur Seite drehen und den Deckel herausziehen.
28. Das Käsetuch auseinanderfalten.
29. Den Tofu vorsichtig aus dem Wasser nehmen.
30. Man bewahrt den Tofu im Kühlschrank in einem geschlossenen Behälter und mit Wasser bedeckt auf. Wird der Tofu nicht sofort verbraucht, muß das Wasser täglich gewechselt werden.

25

26

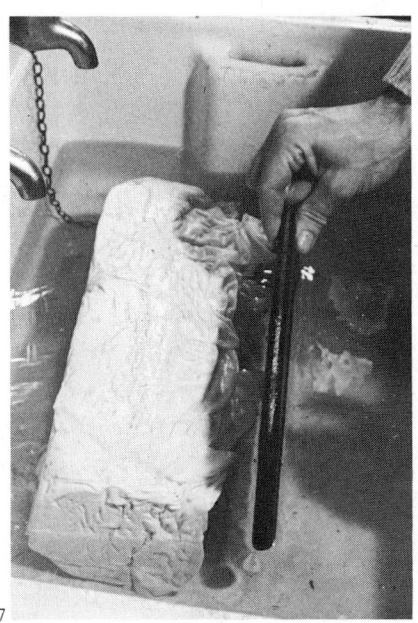

27

29

Salate

Wenn ihr einen Salat zubereitet und dabei das Gemüse und die
Kräuter berührt, dann sollt ihr eure Gedanken darauf richten, wie
jedes einzelne beschaffen ist. Ihr werdet die Mühe spüren, mit der
sich manche durchkämpfen mußten, während ihr bei anderen fühlen
könnt, wie leicht und mühelos sie in Freiheit zur Reife gelangt sind.
All diese Gedanken und Gefühle sind wichtig. Gerade dadurch
gelangt die Lebenskraft in euren Körper.

Eileens Weisung

Jeder Gartenbesitzer genießt das tägliche Ritual, frisches Gemüse und Kräuter für den Salat auszuwählen. Wenn auch schon ein ganz einfacher Salat etwas ganz Köstliches ist (etwa ein Kopfsalat mit Olivenöl, Zitronensaft und ein paar Kräutern), so ist man inzwischen gewohnt, nahezu jede Gemüsesorte zum Salat zu verarbeiten. Salate werden heute oft zum wesentlichen Bestandteil, ja sogar zum Schwerpunkt einer Mahlzeit.

Für einen Salat sollte man stets die Gemüse auswählen, die am lebendigsten aussehen und offensichtlich voller Energie stecken. Um ihre Lebenskraft zu erhalten, muß man sie nach der Ernte so bald wie möglich verwenden.

Salate werden wertvoller durch schmackhafte Salatsoßen. Sie werden sättigender, wenn man sie durch geeignete Zutaten ergänzt. Bohnensprossen und Getreidekeime sorgen für Abwechslung, machen den Salat nahrhafter und haben dazu noch den Vorzug, daß sie das ganze Jahr über zur Verfügung stehen. Auf den nächsten Seiten werden alle diese Aspekte der Salatzubereitung dargestellt. Ob wir die Möglichkeit zum Selbstanbau haben oder nicht, der Genuß von frischem rohem Gemüse stärkt und läutert uns für die vor uns liegenden Aufgaben.

Salat zubereiten

Von manchen Gemüsesorten meint man, daß sie sich gar nicht als Rohkost eignen. Sie ergeben jedoch ganz vorzügliche Salate, wenn man sie fein reibt. Wurzelgemüse wie rote Bete, die verschiedenen Kohlrübenarten (Erdkohlrabi, Steckrüben, Butterrüben) und Topinambur schmecken besonders gut. Man sollte sie allerdings erst unmittelbar vor dem Essen reiben.

Probieren sie auch einmal einen Salat aus den zäheren Winterblattgemüsen, die mit einer Schere in ganz feine Streifen geschnitten werden.

Eßbare Wildpflanzen und Blüten kann man ebenfalls in den Salat geben. Sie sorgen für Abwechslung.

Ein Tip: Man wäscht grünen Salat und Kräuter, wenn man zwischendurch ein paar Minuten Zeit hat. Wenn man sie noch feucht in ein Tuch einschlägt, kann man sie im Kühlschrank aufbewahren, bis sie gebraucht werden.

Salatsoßen

Mayonnaise

4 Eier
(Zimmertemperatur)
1 Teelöffel Senfpulver
1 Teelöffel Salz
¼ Teelöffel
Cayennepfeffer
1 Eßlöffel Essig
Öl

1. Man gibt alle Zutaten in die Rührschüssel des Mixers und beginnt mit 2 Eßlöffeln Öl.
2. Man arbeitet mit geringer Geschwindigkeit. Bei laufender Küchenmaschine entfernt man den kleinen inneren Teil des Deckels und gibt tropfenweise ganz langsam so lange weiteres Öl dazu, bis die Mayonnaise dick zu werden beginnt. Dann entfernt man den Deckel und beobachtet die Mayonnaise. Während sich der Quirl dreht, entsteht in der Mitte der Masse eine Vertiefung. In dem Moment, in dem sich dieses Loch schließt, hört man sofort auf, weiteres Öl nachzugießen. Will man die Mayonnaise zum Anmachen eines Salats verwenden, ist sie in diesem Moment fertig.
Ein Tip für den Notfall: Sollte die Mayonnaise gerinnen (das passiert gelegentlich), nimmt man die Masse aus der Rührschüssel, schlägt ein frisches Ei in die Schüssel und gibt dann bei laufendem Rührgerät nach und nach die geronnene Mayonnaise dazu, insgesamt aber nur soviel, bis sich die Vertiefung schließt, dann muß man *sofort aufhören*. (Wahrscheinlich wurde beim erstenmal zuviel Öl verwendet, deshalb ist die Mayonnaise geronnen.)
3. Wünscht man eine noch dickere Mayonnaise, entfernt man das Rührgerät und rührt von Hand mit dem Schneebesen tropfenweise noch mehr Öl darunter.

Variation
Bei uns herrschte stets ein freundschaftlicher Wettstreit, wer die Mayonnaise mit dem ausgefallensten Geschmack zustande brachte. Bobananda war der Gewinner und geht in die Geschichte ein mit seiner Johannisbrot-Mayonnaise. (Man fügt dem angegebenen Rezept Johannisbrotpulver nach Geschmack zu.) Wer einen eher konventionellen Geschmack hat, kann das Grundrezept mit Frühlingszwiebeln, Knoblauch, Petersilie, Gurke, Tomate oder Kräutern abwandeln.

Tomaten-Joghurt-Soße

1. Alle Zutaten im Mixer pürieren.
2. Wenn man eine dünnere Salatsoße möchte, kann man noch etwas Milch hinzufügen.

3 Tomaten

½ l Joghurt

3 größere Zweiglein Petersilie

1½ Teelöffel Basilikum

1½ Teelöffel Oreganum

1½ Teelöffel Knoblauchpulver

1½ Teelöffel Selleriepulver

1 Teelöffel Salz (nach Wunsch)

Ergibt ¾ Liter

Chartres-Salatsoße

Wenn Paul diese Salatsoße zubereitet, braucht er nach Aussage von Beobachtern drei Stunden dazu. Er wendet die gleiche Sorgfalt und Konzentration auf, die der Bau der Kathedrale von Chartres erforderte. Dabei geschieht es immer wieder, daß er einen Fehler macht und von einer Zutat zuviel nimmt. Diesen Fehler zu korrigieren nimmt den größten Teil der drei Stunden in Anspruch. Aber aus irgendeinem Grund wird die Salatsoße gerade dann besonders gut. Also machen auch Sie ein paar Fehler, nehmen Sie sich drei Stunden Zeit, und schon haben Sie die richtige Soße! Man kann sie natürlich auch in ein paar Minuten zusammenrühren. Auch dann schmeckt sie vorzüglich.

1. Zitronen- und Orangensaft durch ein Sieb in ein Gefäß (großes Glas) gießen.
2. Die übrigen Zutaten hinzufügen und alles gut durchschütteln.

Serviervorschlag: Die Soße eignet sich sehr gut für einen grünen Salat mit Avocadowürfeln oder für einen Salat aus Spinatblättern mit Tomatenscheiben, Gurke und hartgekochtem Ei.

¼ l Zitronensaft

¼ l Orangensaft

½ l Öl

3 Teelöffel Senfpulver

1½ Teelöffel Knoblauchpulver

½ Teelöffel Petersilie

¼ Teelöffel Paprika

2 Teelöffel Majoran

¼ Teelöffel Salz

4 Teelöffel Zucker

1 Prise Pfeffer

1 Prise Cayennepfeffer

Ergibt 1 Liter

Tahini-Salatsoße

¼ l Tahini

¼ l kaltes Wasser

etwa 2 bis 3 Eßlöffel Tamari

Ergibt ½ Liter

Die einfachste Salatsoße – und dabei eine der besten!

1. Tahini so lange mit dem Wasser verrühren, bis die Flüssigkeit vollkommen absorbiert ist und eine lockere, flaumige Masse entsteht.
2. Mit Tamari abschmecken.
3. Wenn man eine dünnere Soße braucht, muß man etwas mehr Wasser dazugießen.

Honig-Tamari-Salatsoße

2 Eßlöffel feingehackte Frühlingszwiebeln

455 ml Distelöl

110 ml Zitronensaft

225 ml Tamari

3 Eßlöffel Honig

¼ Teelöffel Cayennepfeffer

2½ Eßlöffel Sesamsamen

Ergibt 1 Liter

1. Zwiebeln hacken.
2. Öl, Zitronensaft, Tamari, Honig und Cayennepfeffer mit dem Schneebesen verrühren.
3. Zwiebeln und Sesam hinzufügen, gut unterrühren.
4. Vor dem Servieren die Soße noch einmal gründlich verrühren.

Salatsoße aus frischen Sprossen

4 Zehen Knoblauch

340 ml Olivenöl

110 ml Zitronensaft

3 Eßlöffel Tamari

110 g Luzernen- oder Bohnensprossen

Ergibt ½ Liter

1. Knoblauch schälen.
2. Alle Zutaten im Mixer fein pürieren.
3. Soße kalt stellen und innerhalb von zwei Tagen aufbrauchen.

Variation
Zur Abwechslung kann man statt der Sprossen Petersilie, Schnittlauch, Gurken oder Tomaten nehmen.

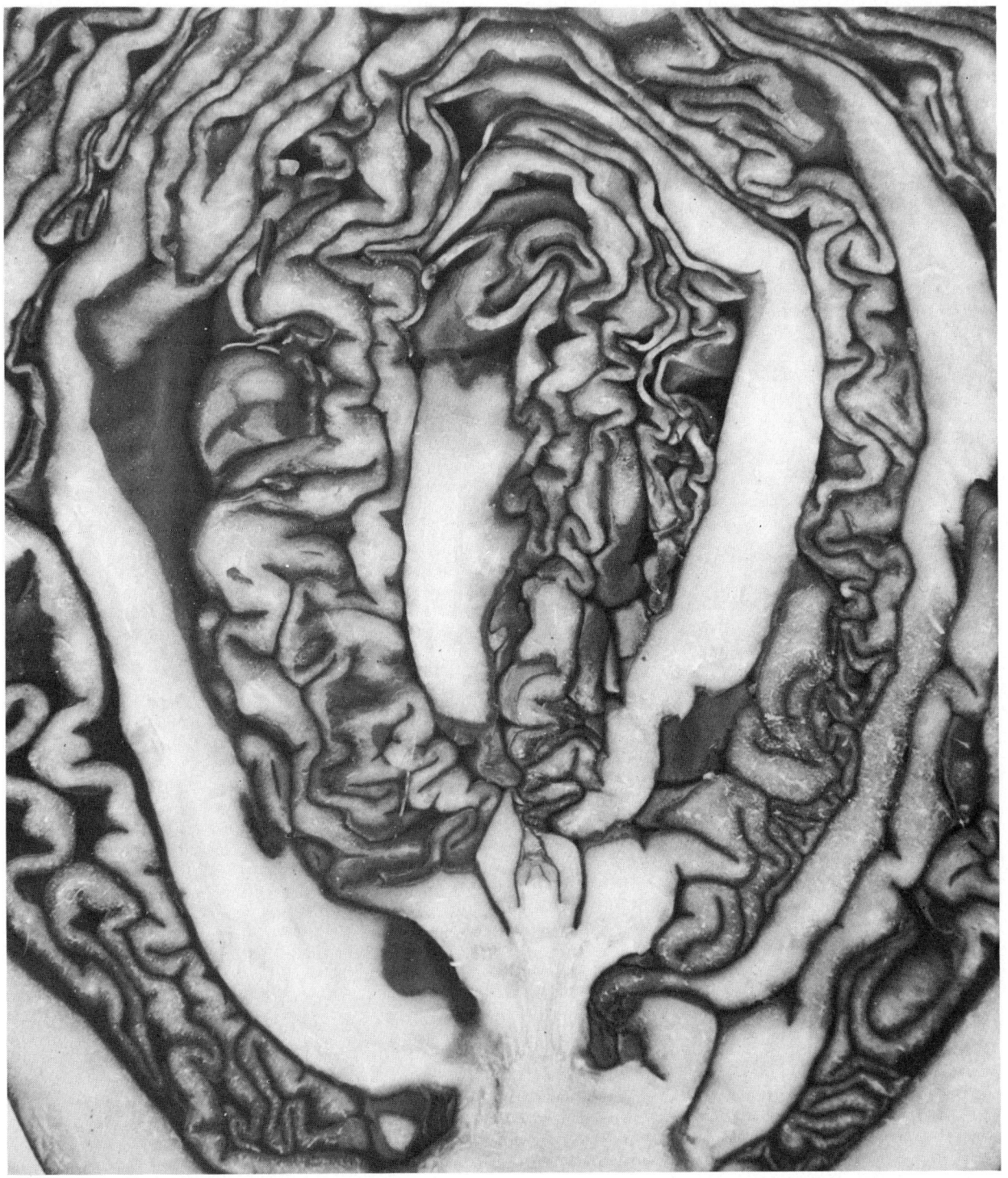

Garnierungen

Mit diesen kleinen Beigaben bekommt auch ein einfacher Salat den richtigen Pfiff!
Auch gut für Suppen geeignet.

Knoblauch-Croûtons

170 g Brot
4 Zehen Knoblauch
60 g Butter

1. Brot in Würfel schneiden und auf ein ungefettetes Backblech legen.
2. Backofen auf die niedrigste Stufe stellen und die Brotwürfel 1 bis 2 Stunden backen, bis sie trocken und hart sind. Wenn man es eilig hat, kann man die Brotwürfel auch ½ Stunde bei 180 Grad rösten. Dabei muß man sie dann häufig umwenden.
3. Für einfache Croûtons ist der Vorgang damit beendet. Man bewahrt sie in einem luftdicht schließenden Behälter auf.
4. Unmittelbar vor dem Servieren schält und hackt man den Knoblauch und brät ihn in Butter an.
5. Sobald der Knoblauch goldbraun ist, gibt man die Croûtons dazu und röstet, bis sie heiß und leicht gebräunt sind.
6. Über den Salat streuen. Die Kombination von kaltem Salat und heißen, knoblauchduftenden Croûtons ist sehr reizvoll.

Variation
Man kann auch Kräuter-Croûtons zubereiten. Dann röstet man die trockenen Croûtons mit 1 Teelöffel Kräutern in Butter an. Es eignen sich Basilikum, Oreganum, Majoran oder Thymian. Man kann die Brotwürfel auch in 4 Eßlöffel Olivenöl aufrösten und mit ⅛ Teelöffel Salz und 1 Teelöffel Kräutern würzen.

Gomasio

Sieben Teile
Sesamsamen
Ein Teil Salz

Eine beliebte und vielseitig verwendbare Würze

1. Man erhitzt eine Eisenpfanne auf großer Flamme.
2. Sobald die Pfanne heiß ist, gibt man die Sesamkörner hinein, schaltet die Hitze herunter und röstet unter gelegentlichem Rühren einige Minuten, bis der Sesam eben goldbraun wird. Man salzt und röstet weiter, bis die Samen sich leicht zerdrücken lassen und richtig durchgeröstet schmecken.
3. Sobald alles abgekühlt ist, stößt man die Mischung in einem Mörser oder mahlt sie in einer Nußmühle zu einem feinen Pulver. Des Aromas wegen läßt man einige Körner ganz.
4. Im luftdicht schließendem Glas aufbewahren. Man bereitet nicht mehr zu, als man innerhalb einer Woche verbrauchen kann.

Tamari-Nüsse

Man verteilt eine Lage Erdnüsse auf einem großen Backblech, schiebt es auf die unterste Schiene des Backofens und röstet bei 180 Grad etwa 30 bis 60 Minuten. Die Erdnüsse gelegentlich wenden. Sobald sie schön braun sind, nimmt man sie aus dem Ofen, gibt sofort etwas Tamari darüber und rührt mit einem Holzlöffel alles gut durcheinander. Nehmen Sie genügend Tamari, damit die Nüsse salzig schmecken, aber wiederum nicht so viel, daß überschüssiges Tamari am Blech zurückbleibt. Beim Rühren sollte alle Sojasoße restlos von den Nüssen aufgenommen werden.

Variationen

Man kann für das gleiche Rezept auch Cashew-Nüsse, Mandeln, Sonnenblumenkerne oder Kürbiskerne verwenden und zur Abwechslung mit gemahlenem Ingwer, Knoblauchpulver oder Zwiebelpulver würzen.

Seetang

Ja, Sie haben richtig gelesen: Seetang. Wenn man ihn gut zubereitet, schmeckt er nicht nur köstlich, er steckt auch voller Nährstoffe. Wer ihn erst einmal entdeckt hat, wird immer wieder Appetit darauf haben. Seetang ist eine großartige Ergänzung zu Salat oder zu einem Reisgericht. Wenn Sie an Ihrem Wohnort frischen Seetang bekommen, sollten Sie ihn unter allen Umständen verwenden. Es gibt ihn aber auch in getrockneter Form in manchen Reformhäusern und Feinkostgeschäften. Auch dem schärfsten Kritiker schmeckt im allgemeinen der Seetang, wenn man ihn wie folgt zubereitet:

30 g Seetang
1 Zwiebel
4 Zehen Knoblauch
2 Teelöffel geriebener Ingwer
Öl
1 Eßlöffel Tamari

1. In einem Topf Seetang mit Wasser bedecken. Zugedeckt kochen, bis er weich ist. Die erforderliche Zeit schwankt sehr stark und hängt ab von der Art des Seetangs. Er ist gar, wenn er etwa die Konsistenz von Lasagne-Nudeln hat. Probieren Sie mit dem Fingernagel! Wer den Geruch des kochenden Seetangs nicht ertragen kann, sollte schon damit anfangen, Zwiebel, Knoblauch und Ingwer anzubraten, das überdeckt das strenge Aroma (Bekenntnis eines ehemaligen Seetang-Muffels!)
2. Wasser abgießen und Seetang in mundgerechte Stücke schneiden.
3. Zwiebel und Knoblauch schälen und fein hacken, zusammen mit dem Ingwer in Öl anbraten.
4. Seetang dazugeben und noch eine halbe Minute alles durchrösten, dann Tamari unterrühren.

Ob Mungobohnen, Luzernensamen, Kichererbsen, Griechisches Heu, Rettich-
samen, Linsen, Weizen: Man kann so gut wie alle unversehrten natürlichen
Samen, Bohnen oder Getreidekörner zum Keimen bringen.

Sprossen

Es ist immer wieder ein Wunder, zu beobachten, wie aus dem winzigen Samen der kleine grüne Keim aufspringt.

Will man Samen zum Keimen bringen, weicht man sie über Nacht ein, läßt sie danach in indirektem Licht stehen und spült sie zweimal täglich, bis sie die richtige Länge haben. Bitte behalten Sie während der folgenden Beschreibungen stets im Gedächtnis, wie einfach das im Grunde ist. Wir haben jede Einzelheit fotografiert und genau beschrieben. Das geschah nur, weil uns die Keimlinge dazu inspiriert haben, nicht etwa, weil der Vorgang so kompliziert wäre.

Die Abbildungen auf den nächsten Seiten zeigen die Methode, nach der wir unsere Sprossen für 150 Menschen heranziehen. Wir verwenden die Gefäße und Geräte und den Platz, die uns hier zur Verfügung stehen. Ich bin sicher, daß es perfektere Systeme gibt, aber mit unserer Methode schaffen wir es auch, eine Menge Sprossen und Keime zu bekommen; dabei waren unsere Anfangskosten minimal. Wenn Sie daheim Keime ziehen, werden Sie selbstverständlich nicht mehr als ein oder zwei Gläser gleichzeitig in Gebrauch haben, aber der Vorgang bleibt der gleiche, und es lohnt sich auf jeden Fall. Salate werden nicht nur sättigender und nahrhafter, schon die Beschäftigung mit den Sprossen erinnert uns täglich daran, daß hier die Lebenskraft wirksam ist.

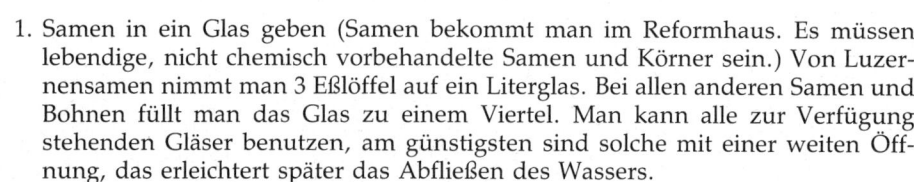

1. Samen in ein Glas geben (Samen bekommt man im Reformhaus. Es müssen lebendige, nicht chemisch vorbehandelte Samen und Körner sein.) Von Luzernensamen nimmt man 3 Eßlöffel auf ein Literglas. Bei allen anderen Samen und Bohnen füllt man das Glas zu einem Viertel. Man kann alle zur Verfügung stehenden Gläser benutzen, am günstigsten sind solche mit einer weiten Öffnung, das erleichtert später das Abfließen des Wassers.
2. Das Glas zur Hälfte mit kaltem Wasser füllen.
3. Samen über Nacht einweichen.

5

6

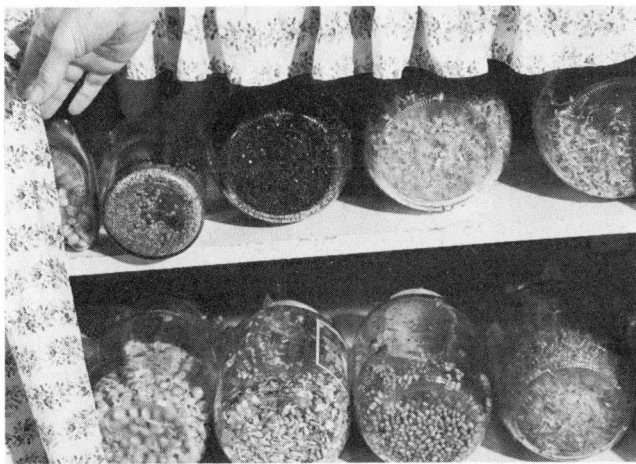

7

8

9

11

4. Am nächsten Morgen das Glas mit einem Stück Käseleinen (auch Gardinenstoff oder ähnliches ist brauchbar) zubinden. Der Stoff muß grobmaschig genug sein, daß das Wasser leicht abfließen kann, aber die Samen dürfen nicht durchfallen.

5. Das Tuch sehr sorgfältig mit einem Gummiband festbinden. Die Samen müssen viele Male gespült werden. Es ist ärgerlich, wenn man den Inhalt eines Glases durch den Abfluß davonschwimmen sieht, weil sich die Abdeckung gelockert hat!

6. Einweichwasser abgießen und die Samen gut abtropfen lassen.

7. Samen in indirektem Licht stehenlassen, nach Möglichkeit das Glas um 30 Grad kippen, damit das überschüssige Wasser ablaufen kann. Außerdem sollte man die Gläser so aufstellen, daß sie leicht erreichbar und gut sichtbar sind, und daran erinnern, daß man sie täglich spülen muß. In manchen Küchen läßt man sie direkt auf der Abtropffläche der Spüle stehen. Die keimenden Samen brauchen eine gleichmäßige Temperatur und gleichmäßiges Licht, wenn sie sich gut entwickeln sollen. Im Sommer müssen sie vor zuviel Licht und Sonne geschützt werden. Im Winter sorgt man für mehr Licht und Wärme. Ein Tip: Wenn man lange Mungo-Bohnensprossen (chinesische Bohnensprossen) ziehen will, müssen sie in völliger Dunkelheit wachsen.

8. Zum Spülen der Sprossen füllt man das Glas mit Wasser.

9. Samen und Wasser im Glas vorsichtig schwenken.

10. Wasser abgießen.

11. Glas ein paar Minuten umgekehrt aufstellen, damit das Wasser vollständig ablaufen kann. Dann stellt man es wieder an seinen Platz zurück. Die Sprossen täglich zweimal auf diese Weise spülen, bis sie so weit sind, daß man sie verzehren kann.

12. Die Sprossen können gegessen werden, wenn sie nicht mehr nach Stärke, sondern wie ein feines Gemüse schmecken. Das erfordert zwischen einem Tag und zehn Tagen, je nach Art der Keimlinge. Außerdem haben die Gegend und das Klima, in dem man lebt, einen gewissen Einfluß. Probieren Sie Ihre Sprossen in unterschiedlicher Länge und stellen Sie fest, wann sie Ihnen am besten schmecken. Sprossen aus Sonnenblumenkernen sollte man jedoch immer verwenden, ehe der Keimling so lang wie der Samen ist. Luzernensprossen sollten ein wenig länger als die anderen Sorten sein. Man ißt sie, wenn sich die ersten beiden Blättchen gebildet haben.

13. Hinweis: Das folgende gilt nur für Luzernensprossen. Sobald sich die ersten beiden Blättchen zeigen, gibt man die Luzernensprossen in eine Schüssel mit kaltem Wasser.

14. Man zerteilt vorsichtig alle Klumpen, die sich gebildet haben.
15. Die Sprossen im Wasser schwenken.
16. Die Hülsen abschöpfen, die an der Oberfläche schwimmen.
17. Sobald man alle Hülsen entfernt hat, gießt man das Wasser durch ein Sieb ab.
18. Sicher sind einige Hülsen auf den Boden gesunken. Sorgfältig die Sprossen aus den Hülsen auslesen.
19. Die enthülsten Sprossen in ein größeres Glas geben, damit sie mehr Platz haben und sich weiter entwickeln können. Man kann die Menge auch auf zwei Gläser verteilen.

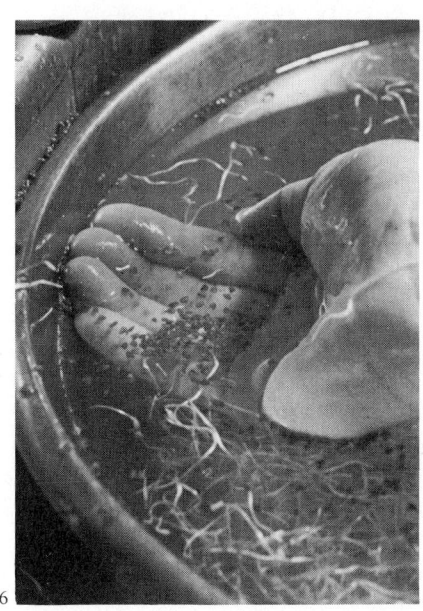

20. Das Glas wieder mit dem Netzstoff zubinden.
21. Das Glas umgekehrt an einem Fenster stehenlassen, wo die Keimlinge sehr viel Licht, aber keine direkte Sonneneinstrahlung bekommen. (Bei uns in Schottland stellen wir die Keimlinge allerdings direkt in die Sonne, weil wir ein so kühles Klima haben.) Sobald die Sprossen grün sind, werden sie gegessen.

Brot

Einst, in früheren Zeiten, lieferte die Nahrung die Energie zum
Aufbau und zur Erhaltung eines kräftigen physischen Leibes. Aber
heute, in unserer Zeit, zählt die Lebenskraft, das Licht, das wir
aufnehmen.

Eileens Weisung

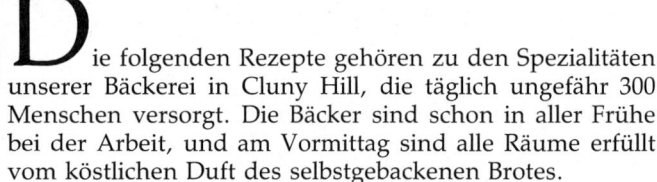

Die folgenden Rezepte gehören zu den Spezialitäten unserer Bäckerei in Cluny Hill, die täglich ungefähr 300 Menschen versorgt. Die Bäcker sind schon in aller Frühe bei der Arbeit, und am Vormittag sind alle Räume erfüllt vom köstlichen Duft des selbstgebackenen Brotes.

Für die meisten Brotsorten verwenden wir Vollweizenmehl. Wenn Sie es bis jetzt noch nie verarbeitet haben, versuchen Sie, sich langsam daran zu gewöhnen, und mischen Sie es zuerst zur Hälfte mit weißem Mehl. Vollweizenmehl braucht, wie alle Vollgetreide, eine längere Backzeit als das feine weiße Mehl. Zum Brotbacken sollte man ein Mehl aus hartem Weizen verwenden. Für Pasteten und Kuchen kann man ein weiches Mehl nehmen.

Vielleicht hat mancher den Eindruck, daß das Brotbacken für eine kleine Familie zuviel Aufwand bedeutet. Bedenken Sie aber, daß die meisten Rezepte für eine größere Menge angegeben sind. Die Zubereitung macht kaum mehr Arbeit, und man kann die Hälfte des Brotes sehr gut einfrieren und später verwenden.

Wie stellt man fest, ob das Brot ausgebacken ist? Für den Anfänger ist das oft ein unlösbares Rätsel. Das Brot sollte natürlich außen goldbraun sein. Wenn man es aus der Form nimmt und an die Unterseite klopft, klingt ein durchgebackenes Brot hohl. Es gibt Menschen, die erkennen schon am Geruch, wann das Brot fertig ist. Wenn man wirklich im Zweifel ist, sollte man die ersten selbstgebackenen Laibe auseinanderschneiden und die Innenseite betrachten. Wenn man sein Brot auf diese Weise zwei- oder dreimal kontrolliert hat, bekommt man allmählich das Gefühl dafür, wie das Brot aussieht, wenn es durchgebacken ist.

Es ist nicht zu leugnen, daß Brotbacken Spaß macht: Der Geruch, der durch das Haus zieht, das Gefühl des Teiges unter den Händen, der Genuß, wenn man es schließlich essen und mit der Familie teilen kann! Auch das ist eine Möglichkeit, unsere Liebe durch die Zubereitung der Nahrung auszudrücken.

Grundrezept für Vollweizenbrot

1. Hefe in etwas warmem Wasser auflösen. Honig hinzufügen. Nicht mehr umrühren! Stehen lassen, bis die Hefe aufgeht (etwa 5 Minuten).
2. Alle trockenen Zutaten miteinander durch ein Sieb geben.
3. Sobald die Hefe schaumig aussieht, gut durchrühren und in die Mehlmischung geben.
4. Soviel Wasser hinzufügen, daß man einen Teig kneten kann. Man arbeitet so lange mit den Händen, bis Seiten und Boden der Schüssel sauber bleiben.
5. Öl darunterarbeiten. Danach 5 bis 10 Minuten kneten, bis der Teig elastisch und glatt ist, fast »fleischig«, wie ein Ohrläppchen oder ein rosiger Kinderpo.
6. Eine Schüssel mit Öl einpinseln und den Teig hineingeben. Mit einem feuchten Tuch bedecken und an einen warmen Platz in der Küche oder auch ins dampfende Badezimmer stellen. Zu etwa doppelter Größe aufgehen lassen. (Das dauert ungefähr 1½ Stunden.)
7. Formen für die Brote oder Backbleche für Zöpfe und Brötchen einfetten.
8. Sobald das Brot zur doppelten Größe aufgegangen ist, drückt man den Teig mit der Faust noch einmal herunter und läßt ihn weitere 10 bis 15 Minuten stehen.
9. Aus dem Teig Laibe formen und 30 Minuten gehen lassen.
10. Bei 210 Grad etwa 45 bis 55 Minuten backen, bis die Brote durch sind.

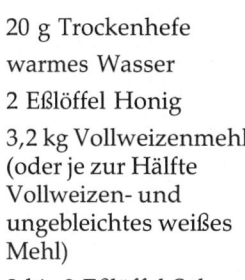

20 g Trockenhefe

warmes Wasser

2 Eßlöffel Honig

3,2 kg Vollweizenmehl (oder je zur Hälfte Vollweizen- und ungebleichtes weißes Mehl)

2 bis 3 Eßlöffel Salz

etwa 2 l warmes Wasser

3 Eßlöffel Öl

Ergibt 4 mittelgroße Laibe

Brote formen

Beim Formen und Verzieren der Brotlaibe ist Gelegenheit, Kreativität und Inspiration zu entwickeln. Es ist wahrscheinlich der schönste Moment beim Brotbacken! Hier sind einige Anregungen für den Anfang.

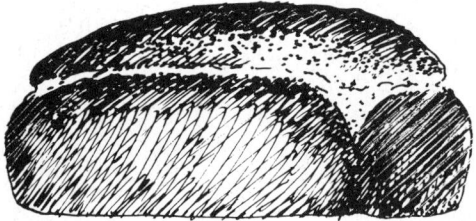

Normaler Brotlaib
Man formt den Teig zu einem großen Rechteck und schlägt ihn in drei Dritteln übereinander. Jetzt drückt man den Teig wieder zu einem Rechteck auseinander und schlägt ihn in entgegengesetzter Richtung wieder in drei Teilen übereinander. Noch einmal auseinanderdrücken, aufrollen und in eine Kastenform setzen. Die Nahtstelle kommt nach unten.

Rundes Brot
Man knetet den Teig zur runden Form und schneidet den Laib an der Oberseite mit einem scharfen Messer ein paarmal ein.

Diagonal eingeschnittenes Brot
Man formt einen normalen Laib und bringt mit einem scharfen Messer oder einem Teigmesser diagonale Schnitte an.

Brötchen
Damit man Brötchen gleicher Größe erhält, muß man jedes Teigstück abwiegen.

Klee-Brötchen: Man setzt 3 kleine Teigbällchen in ein gefettetes Förmchen.

Runde Knoten: Man nimmt zwei Teigstreifen und drückt sie an den beiden Enden zusammen. Dann dreht man in die entgegengesetzten Richtungen und biegt die Teigrolle gleichzeitig, bis die Enden aufeinandertreffen. Die Enden gut zusammendrücken.

Rundbrötchen: Man formt Teigbällchen und schneidet dekorative Schlitze in die Oberseite. Oder man bestreut die runden Brötchen einfach mit Mohn- oder Sesamsamen.

Brötchen werden bei 220 Grad etwa 20 Minuten gebacken, bis sie schön gebräunt sind.

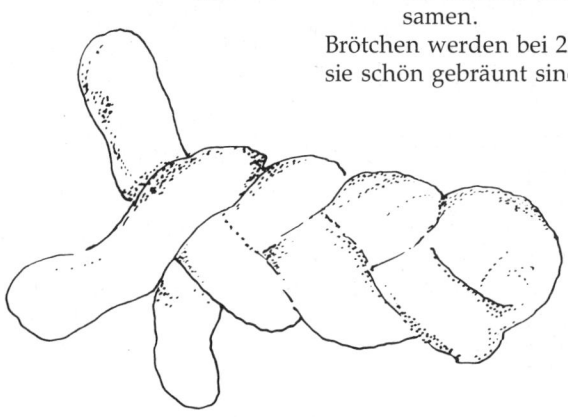

Dreiteiliger Zopf
Teigzöpfe werden genau wie das Haar geflochten.

Dekorative Ergänzungen
Jeder Brotlaib und jedes Brötchen bekommt eine glänzende Kruste, wenn man ein Ei mit einem Eßlöffel Wasser verrührt und mit dieser Mischung die Oberfläche bestreicht. Man kann zusätzlich Mohn- oder Sesamsamen darüberstreuen.

Variationen des Grundrezeptes Vollweizenbrot

Käsebrot

Den Teig in rechteckige Form bringen und reichlich geriebenen Käse darüberstreuen. Dabei spart man den oberen und unteren Rand aus. Dann rollt man den Teig oben beginnend zu einem Laib zusammen und legt ihn in eine Form. So erhält man ein regelmäßig geformtes Brot.

Käsezopf

Man arbeitet geriebenen Käse in den Teig (etwa 110 g für einen Laib Brot) und schneidet den Teig zum Flechten in Streifen, wie bereits beschrieben. Käsezöpfe sehen hübsch aus und sind sehr beliebt. Man bestreicht sie mit verschlagenem Ei oder bestreut sie mit Mohn oder Sesam.

Kräuterbrot

Man weicht von 3 oder 4 Sorten Lieblingskräutern je 1 Teelöffel voll in Wasser ein. Es eignen sich zum Beispiel Basilikum, Thymian, Rosmarin, Majoran, Salbei und Dill. (Die beiden zuletzt Genannten sollten sparsam verwendet werden, da sie sehr intensiv schmecken.) Man rollt aus dem Teig ein großes Rechteck, bestreicht es mit Butter oder Margarine und verteilt dann die eingeweichten, gut abgetropften Kräuter darauf. Man rollt nun das Brot zusammen und legt es in eine mit Öl ausgepinselte Form. Mit Eigelb bestreichen und mit Mohn oder Sesam bestreuen.

Zimt-Rosinen-Brot

85 g Rosinen in heißem Wasser einweichen. Den Teig zu einem großen Rechteck ausrollen und mit Butter bestreichen. Die ausgedrückten Rosinen und 1 Teelöffel Zimt darüberstreuen. Oben beginnend den Teig möglichst eng zusammenrollen. Man bestreicht das untere Ende mit Wasser, damit der Teig besser zusammenhält, und drückt die Ränder fest zusammen. Dann legt man den Laib vorsichtig mit der Nahtstelle nach unten in eine gefettete Form und bestreicht die Oberseite mit einer Mischung aus 1 Eßlöffel zerlassener Butter, 1 Eßlöffel Honig und ¼ Teelöffel Zimt. Dieser Laib braucht eine etwas längere Backzeit als ein normales Weizenbrot. Man probiert nach etwa 50 bis 60 Minuten, ob es durchgebacken ist.

Sauerteigbrot

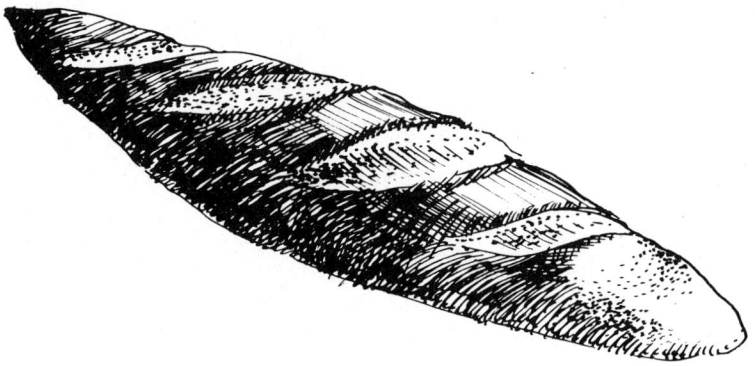

Ansatz
450 g Vollweizen-Brotmehl
warmes Wasser

Brot
1 Eßlöffel Trockenhefe
60 g Honig
450 g Vollweizen-Brotmehl
¾ Eßlöffel Salz
etwa 1 l Wasser
1 Ei

Ergibt 1 bis 2 Laibe

Ansatz
1. Mehl mit so viel warmem Wasser verrühren, daß eine Art dicke Suppe entsteht. Diesen Ansatz in einem verschließbaren Behälter beliebig lange in den Kühlschrank stellen; das kann von über Nacht bis zu Monaten dauern. Je länger er steht, um so reifer und saurer (und vielleicht schmackhafter) wird das Brot.

Brot
1. Die Hefe in etwas warmem Wasser auflösen. Honig dazugeben. Ein paar Minuten stehenlassen, bis die Hefe von selbst schaumig wird, ohne daß man sie rührt.
2. Mehl und Salz miteinander vermischen.
3. Die Hefemischung gut durchrühren und zu Mehl und Salz geben.
4. Nun gibt man diese ziemlich trockene Masse zum Ansatz (der ziemlich feucht ist) und fügt langsam noch so viel Mehl oder Wasser hinzu, daß der Teig sich leicht kneten läßt. Nun knetet man den Teig etwa 10 Minuten durch, bis er geschmeidig und elastisch ist.
5. Teig in eine mit Öl ausgestrichene Schüssel legen und mit einem feuchten Tuch zudecken. An einer warmen Stelle zu doppelter Größe aufgehen lassen (etwa 1½ Stunden).
6. Wieder zusammendrücken und noch einmal etwa ½ Stunde gehen lassen.
7. Auf einem bemehlten Brett lange französische Laibe formen, indem man ein Stück Teig mit den flachen Händen rollt, bis eine lange, gleichmäßige Stange entsteht.
8. Auf ein gefettetes Backblech legen, mit verschlagenem Ei bestreichen (1 Ei mit ein wenig Wasser gut verquirlen) und an der Oberseite mehrmals mit einem scharfen Messer diagonal einschneiden.
9. Bei 170 Grad etwa 45 bis 50 Minuten backen, bis das Brot eine schöne goldbraune Farbe hat und es hohl klingt, wenn man auf den Boden klopft.

Ungesäuertes Blütensamenbrot

Die Herstellung eines ungesäuerten Brotes ist auch im Ablauf eines ausgefüllten Arbeitstages gut unterzubringen, weil man den Teig 8 bis 12 Stunden oder auch über Nacht liegenlassen und später fertigbacken kann.

1. Man vermischt die trockenen Zutaten und Samen miteinander.
2. Langsam Wasser dazugeben, gerade so viel, daß der Teig zusammenhält und geknetet werden kann. Beobachten Sie die Konsistenz, während Sie die Flüssigkeit dazugießen. Der Teig wird nicht locker und elastisch wie bei gesäuertem Brot, sondern schwerer und ein wenig feucht. Alles gründlich miteinander vermengen.
3. Auf einer bemehlten Fläche den Teig 5 bis 10 Minuten durchkneten.
4. Teig in eine geölte Schüssel legen, mit einem feuchten Tuch bedecken und an einem warmen Ort 8 bis 12 Stunden oder über Nacht stehenlassen.
5. Am Morgen etwa 5 Minuten durchkneten und dabei die Kruste, die sich auf der Oberseite gebildet hat, mit in den Teig einarbeiten.
6. Laibe formen, in Mohnsamen wälzen und in eine mit Öl ausgestrichene Kastenform setzen.
7. Bei 170 Grad etwa 1 bis 1½ Stunden backen, bis die obere Kruste goldbraun ist.
8. Beim Servieren wird dieses Brot sehr dünn geschnitten.

1 kg Vollweizen-Brotmehl

1 Eßlöffel Salz

2 Eßlöffel Sesamsamen

6 Eßlöffel Mohnsamen

5 Eßlöffel Sonnenblumensamen

etwa ¾ l Wasser

Mohnsamen

Ergibt 1 bis 2 Laibe

Ungesäuertes Roggenbrot

nach Altväterart.

Dünn schneiden und mit Schweizer Käse und Senf servieren.

1. Trockene Zutaten und Samen miteinander vermischen.
2. Langsam Wasser dazugeben, gerade so viel, daß man den Teig zu einem Kloß formen kann. Roggenmehl verarbeitet sich vollkommen anders als Weizen. Die Konsistenz des Teiges wird zum Schluß etwas klebriger sein als beim Blütensamenbrot.
3. 5 bis 10 Minuten kneten.
4. Den Teig in eine mit Öl ausgepinselte Schüssel geben, mit einem feuchten Tuch bedecken und an einem warmen Ort 8 bis 12 Stunden oder über Nacht stehenlassen.
5. Fünf Minuten durchkneten, dann länglich-ovale Laibe formen.
6. Auf ein geöltes Backblech legen und bei 170 Grad etwa 1 bis 1½ Stunden goldbraun backen. (Es muß hohl klingen, wenn man an die Unterseite klopft.)

680 g Vollweizen-Brotmehl

680 g Roggenmehl

1 Eßlöffel Salz

1 Eßlöffel Kümmelkörner

85 g Sesamsamen

etwa 1 l Wasser

Ergibt 1 bis 2 Laibe

Natronbrot

455 g Brotmehl

¾ Teelöffel Natron

¾ Teelöffel Salz

¾ Teelöffel Zucker oder Honig

¼ l Sauermilch oder Buttermilch

1 Ei

Ergibt 1 Laib

Ein Brot, das erstaunlich schnell fertig ist. Der Geschmack weckt Erinnerungen an die warmherzigen Menschen und die einladenden Häuser Irlands.

1. Backofen auf 230 Grad vorheizen.
2. Ein Backblech einfetten.
3. Die trockenen Zutaten miteinander vermischen. Eine kleine Vertiefung machen und den Honig – falls man welchen verwendet – hineingeben. Dann langsam die Milch hinzufügen und mit einer Gabel unter das Mehl arbeiten. Es ist gerade so viel Milch nötig, daß ein Teig entstehen kann.
4. Kurz durchkneten, dann einen runden Laib formen. Auf das Backblech setzen und mit einem scharfen Messer kreuzweise von oben nach unten und von einer zur anderen Seite einschneiden.
5. Die Oberseite des Laibes mit verschlagenem Ei (1 Ei mit 1 Eßlöffel Wasser gut verrühren) bestreichen.
6. 15 Minuten backen, dann die Hitze auf 180 Grad zurückschalten und noch einmal 15 Minuten backen, bis das Brot durch ist.

Variationen
Man kann 1 Teelöffel Zimt oder Kardamom unter die trockenen Zutaten mischen oder das Brot mit Sesam- oder Mohnsamen bestreuen.

Unser Dank
gilt den Bäckern von Cluny,
deren Energie in diesem
Kapitel sichtbar wird.

101

Shellys Krapfenrezept

680 ml
Kartoffelkochwasser
(oder einfaches Wasser)

2 Eßlöffel Trockenhefe

110 bis 170 g Honig

225 g Milchpulver

2 Teelöffel Salz

510 g Vollweizenmehl

510 g ungebleichtes
weißes Mehl

110 ml Öl

1 Ei

Ergibt 30 Stück

1. Kartoffelwasser auf 32 Grad erwärmen. Hefe und Honig hineingeben und 5 Minuten stehenlassen, dann umrühren, bis alles aufgelöst ist.
2. Milchpulver, Salz und die Mehlsorten miteinander vermischen.
3. Das Öl zur Hefe-Mischung geben und nach und nach die Mehlmischung unterarbeiten, bis ein fester Teig entsteht. Falls nötig, mehr Mehl dazugeben.
4. Den Teig auf einem bemehlten Brett 10 Minuten durchkneten.
5. Zur doppelten Größe aufgehen lassen (etwa 1½ Stunden).
6. Teig zusammendrücken und wieder ein paar Minuten durchkneten.
7. Teigstreifen von etwa 15 × 2 cm ausrollen und daraus Ringe formen. Die Enden gut zusammendrücken und die Nahtstelle glätten.
8. 1 Eßlöffel Zucker in 2 Liter kochendes Wasser geben.
9. Jeweils einige Krapfen ins kochende Wasser legen. Sie sinken zuerst auf den Boden. Sobald sie an die Oberfläche steigen, dreht man sie um und läßt sie weitere 30 Sekunden ziehen.
10. Aus dem Wasser nehmen, abtropfen lassen, dann auf ein gefettetes Backblech setzen und mit verschlagenem Ei bestreichen.
11. Bei 230 Grad etwa 20 Minuten backen, bis die Krapfen auf beiden Seiten braun sind.

Variationen

Man kann je ⅛ der beiden Mehlsorten durch Maismehl ersetzen. Vor dem Backen kann man die Krapfen mit feingehackter Zwiebel, Knoblauch, Sesam, Mohn oder grobem Salz bestreuen.

102

Honigschnecken

1. Hefe in ein wenig warmem Wasser auflösen. Honig hinzufügen und die Mischung ohne umzurühren 5 Minuten stehenlassen, bis Blasen aufsteigen.
2. In einer großen Schüssel Eier, Öl, Honig, Wasser, Milchpulver und Salz gründlich miteinander verrühren.
3. Die Hefe und etwa die Hälfte des Mehls hinzufügen. Mit einem Holzlöffel und danach mit der Hand das restliche Mehl unterarbeiten. So viel Mehl hinzufügen und verkneten, bis der Teig nicht mehr klebrig ist. Etwa 15 Minuten kneten, bis kleine Bläschen an der Teigoberfläche erscheinen.
4. Mit einem feuchten Tuch bedecken und an einem warmen Platz zur doppelten Größe aufgehen lassen (etwa 1½ Stunden). Zusammendrücken und noch einmal etwa eine Stunde gehen lassen.
5. Für die Füllung läßt man die Butter zerlaufen. Sobald sie warm ist, nimmt man sie vom Herd und rührt mit dem Schneebesen Honig und Zimt darunter. Alles gut vermischen.
6. Teig in zwei Hälften teilen. Aus jeder Hälfte ein großes Rechteck von etwa 1 cm Dicke und 46 cm Länge ausrollen. Die Füllung darauf verteilen, Rosinen darüberstreuen. An der Längsseite beginnend, rollt man die Rechtecke eng zusammen und drückt die Kanten fest an, damit nichts von der Füllung herausfällt. Nun schneidet man aus jeder Teigrolle 18 Scheiben und setzt jeweils 9 Schnecken in vier runde Backformen von etwa 20 cm Durchmesser. Zu doppelter Größe aufgehen lassen.
7. Bei 190 Grad etwa 20 bis 25 Minuten backen, bis die Schnecken gebräunt sind.
8. Für die Glasur die Butter zerlaufen lassen, vom Herd nehmen und die übrigen angegebenen Zutaten mit dem Schneebesen darunterrühren. Alles gut vermischen. Sobald die Schnecken abgekühlt sind, träufelt man diese Glasur darüber.
9. Wahlweise kann man die Schnecken auch mit feingehackten Walnüssen, Mandelscheibchen oder geriebener Kokosnuß bestreuen.

Variationen

Aus dem Grundteig für süße Schnecken kann man auch Tafelbrötchen formen. (Weitere Anregungen für das Formen und Backen finden Sie im Abschnitt »Brote formen«.) Zur Abwechslung kann man fürs Frühstück auch einmal Bills Kardamom-Brötchen probieren. Dazu bleiben die Punkte 1 bis 4 des Grundrezepts unverändert, außer daß man dem Teig 2 Eßlöffel gemahlenen Kardamom zufügt. (Frisch gemahlener Kardamom ist besonders aromatisch.) Nachdem der Teig zweimal aufgegangen ist, nimmt man jeweils ein kleines Stückchen, formt daraus eine Schlange von 25 cm Länge und 1,5 cm Durchmesser. Man drückt die Enden gut zusammen und formt aus dem Ring eine Art Ochsenjoch oder eine Schraube. Dann taucht man die Brötchen mit der Oberseite zuerst in zerlassene Butter und danach in Zucker und setzt sie mit der Zuckerseite nach oben auf ein gefettetes Backblech. Aufgehen lassen. Bei 210 Grad etwa 20 Minuten backen.

Süßer Brötchenteig

2 Eßlöffel Hefe

1 Teelöffel Honig

2 Eier

110 ml Öl

170 g milder heller Honig

455 ml warmes Wasser

60 g Milchpulver

2 Teelöffel Salz

1 kg Vollweizenmehl (oder halb Vollweizen- und halb ungebleichtes weißes Mehl)

Füllung

110 g Butter

170 g Honig

1 Eßlöffel Zimt

85 g Rosinen

Glasur (wahlweise)

60 g Butter

85 g Honig

30 g Milchpulver

¼ Teelöffel Vanille

Ergibt 36 Schnecken

Kleiemuffins

225 g Rosinen

510 g weiches
Vollweizenmehl

140 g Kleie

2½ Teelöffel Backpulver

2½ Teelöffel Natron

1¼ Teelöffel Salz

3 Eier

170 ml Öl

170 ml Honig

170 ml Melasse

455 ml Milch

Ergibt 36 große Törtchen

Muffins sind ein typisch englisches Teegebäck. Wir servieren unsere Kleie-Muffins mit Butter und Sahnequark.

1. Kochendes Wasser über die Rosinen gießen, stehenlassen.
2. Backofen auf 210 Grad vorheizen.
3. Muffinförmchen einfetten.
4. Alle trockenen Zutaten miteinander vermischen, beiseite stellen.
5. Eier verschlagen, Öl, Honig, Melasse und Milch dazugeben und alles gründlich miteinander verrühren. (Honig und Melasse bleiben nicht im Meßbecher kleben, wenn man zuvor das Öl darin abgemessen hat.)
6. Die trockenen Zutaten mit der Melassemischung zusammengeben. Vorsichtig verrühren, nicht zu stark schlagen.
7. Rosinen abgießen und unter den Teig geben.
8. Muffinförmchen zu zwei Dritteln mit der Teigmasse füllen. 20 bis 25 Minuten backen, bis die Törtchen elastisch nachgeben, wenn man sie mit dem Finger eindrückt.

Bobanandas Bananenmuffins

310 g Hirsemehl

60 g Reismehl

½ Teelöffel Salz

450 g Bananen (nach
dem Schälen gewogen)

3 Eier, getrennt

110 ml Öl

140 g Rosinen

Ergibt 18 große Törtchen

Ohne Weizen, ohne Zucker, ohne Treibmittel.

1. Backofen auf 210 Grad vorheizen.
2. Muffinförmchen einfetten.
3. Mehlsorten und Salz miteinander vermischen. (Versuchen Sie, selbst Hirse- und Reismehl zu mahlen.)
4. Bananen zerdrücken und gründlich mit Eigelb und Öl verrühren.
5. Eiweiß zu steifem Schnee schlagen.
6. Mehl und Bananenmasse vorsichtig miteinander vermischen, Rosinen unterheben, danach das Eiweiß unterziehen.
7. Masse in Muffinförmchen füllen und 20 bis 25 Minuten backen, bis die Törtchen schön braun sind.

Englisches Frühstück

»Aber ich nehme zum Frühstück immer Ei und Toast«.
Wenn Sie einmal Abwechslung brauchen, finden Sie hier einige Ideen.

Müsli

340 g Trockenobst (etwa Aprikosen, Rosinen, Datteln, Feigen, Sultaninen oder eine Mischung)

340 g Nüsse (etwa Walnüsse, Cashews, Mandeln, Haselnüsse; alle Sorten sollten frisch sein)

455 g Haferflocken

85 g Weizenflocken

85 g Roggenflocken

85 g Gerstenflocken

30 g Kleie

30 g Kokosraspel

60 g Sonnenblumenkerne

Bereiten Sie das Müsli in größerer Menge zu, dann haben Sie immer einen Vorrat, wenn es beim Frühstück einmal schnell gehen muß.

1. Trockenfrüchte kleinschneiden. Damit das Messer nicht klebrig wird, zieht man die Klinge vorher durch feste Butter.
2. Alle Zutaten miteinander vermischen und in einem luftdicht schließenden Behälter aufbewahren.
3. Müsli wird im allgemeinen nicht gekocht, sondern so gegessen, wie es ist. Man gibt frisches Obst und Milch oder Apfelmus und Kefir dazu.
4. Damit das Müsli leichter verdaulich wird, kann man es über Nacht in Milch, Wasser oder Apfelsaft einweichen.
5. Wenn man keine Weizen-, Roggen- oder Gerstenflocken bekommen kann, ersetzt man die Menge durch Haferflocken.

Granola

Granola hat viel Ähnlichkeit mit dem Müsli, ist aber gesüßt und wird im Backofen geröstet.

1. Backofen auf 210 Grad vorheizen.
2. Mit dem Schneebesen Honig, Öl, Salz und Vanille verrühren.
3. Restliche Zutaten mit Ausnahme der Trockenfrüchte mischen. Die Öl-Honig-Masse zu den trockenen Zutaten geben, aber nicht allzu kräftig untereinander-rühren.
4. Auf gefettete Backbleche verteilen und 30 bis 60 Minuten rösten, dabei gelegentlich wenden. Während das Granola im Backofen ist, schneidet man das Trocken-obst. Ungefähr 10 Minuten vor Abschluß des Röstvorgangs gibt man das Obst dazu. Granola ist fertig, wenn es goldbraun und knusprig ist. Wer Granola süßer mag, gibt mehr Honig dazu.
5. Vollständig abkühlen lassen und danach im luftdichten Gefäß aufbewahren.
6. Mit frischen Früchten und Joghurt servieren.

140 ml Öl

340 g Honig

1½ Teelöffel Salz

1 Teelöffel Vanilleextrakt

680 g Haferflocken

85 g Weizenflocken

85 g Roggenflocken

85 g Gerstenflocken

200 g Nüsse

85 g Sesamsamen

60 g Sonnenblumenkerne

30 g Kokosnuß

400 g Trockenfrüchte

Heißer Getreide-
frühstücksbrei

Wußten Sie, daß man fast jede Getreideart mahlen und als Frühstücksgetreide verwenden kann? Zu den beliebtesten gehören Reis, Hirse, Mais und eine Mischung aus Reis und Hirse.

680 ml Wasser

1 Teelöffel Salz

200 g Reis

Ergibt 4 Portionen

1. Wasser erhitzen und salzen.
2. Inzwischen den Reis in der Getreidemühle oder Küchenmaschine mahlen. Er sollte nur wenig grobkörniger als Mehl sein.
3. Getreide mit dem Schneebesen ins Wasser rühren und ca. 20 Minuten weichkochen. Wenn man das Getreide im Wasserbad gar werden läßt, braucht man nicht ständig aufzupassen und umzurühren. Man hat also Zeit, inzwischen die übrigen Frühstücksvorbereitungen zu treffen oder zu duschen.
4. Konsistenz prüfen. Falls nötig, etwas Wasser nachgießen. Noch eine Minute durchkochen lassen, servieren.

Variationen
Wenn man einen sehr sättigenden Frühstücksbrei möchte, nimmt man Milch anstatt Wasser. Bereitet man den Brei für Kinder zu, nimmt man die doppelte Menge Flüssigkeit. Vollgetreidebrei ist an sich eine vollständige Mahlzeit. Hier Vorschläge, den Brei zu ergänzen. Süß: Nüsse, Trockenfrüchte, frisches Obst, Samenkerne, Zimt, Butter, Honig. Pikant: Tamari, Butter, gedämpftes Gemüse, Sprossen.

Selbstgemachter Joghurt

1 l Milch

60 g Milchpulver

1½ Eßlöffel
Naturjoghurt (entweder handelsüblicher Joghurt oder von der eigenen letzten Herstellung)

1. Achten Sie darauf, daß alle Gefäße und Geräte ganz sauber sind.
2. Milch auf 75 Grad erhitzen.
3. Milchpulver darunterrühren. Durch den Zusatz von Milchpulver wird der Joghurt dickflüssiger, außerdem wird dadurch die traditionelle Methode abgekürzt, bei der die Milch ½ Stunde lang erhitzt werden muß.
4. Die Mischung auf 45 Grad abkühlen lassen, dann den fertigen Joghurt dazugeben und gut unterrühren. Kommen Sie nicht auf den Gedanken, daß der Joghurt dicker werden könnte, wenn Sie mehr vom fertigen Produkt dazugeben! Tatsächlich gibt es nämlich einen Übersättigungspunkt, dann kann der Joghurt sogar dünner werden.
5. Joghurt in saubere Gläser füllen und an einen Platz stellen, wo eine konstante Temperatur von 43 bis 48 Grad herrscht. Eine zu hohe Temperatur würde die Bakterien abtöten, bei zu niedriger Temperatur wird ihre Entwicklung nicht

gefördert. Je kürzer die Zeit der Joghurtbildung (das hängt gewöhnlich von der Temperatur ab), um so süßer wird der Joghurt.

6. Der Joghurt ist fertig, wenn er dick geworden ist. Das sollte etwa 4 Stunden dauern.

7. Joghurt schmeckt am besten, wenn er innerhalb von ein bis zwei Tagen nach Herstellung gegessen wird. Eine alte Volksweisheit besagt, daß die Kultur immer besser wird, wenn man sie häufiger verwendet. Es wäre also gut, wenn man stets nur kleine Mengen zubereitete und dafür öfter frischen Joghurt ansetzte. Man bewahrt den Joghurt in geschlossenen Gefäßen im Kühlschrank auf.

Festlicher Joghurtbecher

1. Joghurt in eine große Schale füllen, Bananenscheiben darüber anordnen, Honig daraufträufeln, mit Granola bestreuen.

2. Das frische Obst in Scheiben schneiden und auf dem Joghurt verteilen. Mit gehackten Walnüssen, Rosinen, Sonnenblumenkernen und Kokosraspel bestreuen. Wenn man eine frische Erdbeere hat, kann man sie als Krönung des Ganzen in die Mitte setzen.

225 ml Joghurt

1 Banane

1 Eßlöffel Honig

4 Eßlöffel Granola

140 g frisches Obst der Saison

30 g Walnüsse

30 g Rosinen

1 Eßlöffel Sonnenblumenkerne

1 Eßlöffel Kokosraspel

Ergibt 1 bis 2 Portionen

Gebratener Tofu

455 g Tofu
1 Zwiebel
1 grüne Paprikaschote
2½ Eßlöffel Öl
etwa 2 Eßlöffel Tamari

1. Tofu gut abtropfen lassen.
2. Zwiebel schälen und fein hacken. Paprikaschote waschen, putzen und in kleine Würfel schneiden.
3. Zwiebel und Paprika in Öl andünsten.
4. Sobald das Gemüse ganz weich ist, den Tofu daruntermischen. Er muß nur noch durch und durch erhitzt werden.
5. Mit Tamari abschmecken und sofort servieren.

Frisches Obst mit Tahinisoße

Soße
1 Eßlöffel Tahini
1 Teelöffel Melasse
Saft einer Orange

Früchte
1 Apfel
1 Banane
1 Eßlöffel Trockenobst
1 Eßlöffel Sonnenblumenkerne

Ergibt 1 Portion

1. Alle Zutaten für die Soße gründlich miteinander verrühren.
2. Die Früchte waschen und kleinschneiden. Vor dem Servieren die Soße darübergießen und mit Sonnenblumenkernen bestreuen.

Variation
Verwenden Sie frische Früchte der Saison.

Eier à la Moray Firth

1. Backofen auf 180 Grad vorheizen.
2. Eine Auflaufform buttern.
3. Tomaten waschen und aushöhlen.
4. Tomaten salzen und pfeffern.
5. Käse reiben und die Hälfte davon in die Tomaten füllen.
6. Tomaten in der Form verteilen. In jede Tomate gibt man ein Stückchen Butter und schlägt ein Ei hinein. Eier salzen, mit dem restlichen Käse bestreuen und mit ein wenig grüner Petersilie garnieren.
7. 20 bis 25 Minuten überbacken, bis die Eier gestockt sind.

4 große Tomaten

Salz und Pfeffer

30 g Schweizer Käse

30 g Butter

4 Eier

Petersilie

Ergibt 4 Portionen

Apfelpüree

1. Äpfel waschen, entkernen, kleinschneiden.
2. Äpfel mit Nelken, Zimt, Zitronenschale in einen Topf geben und so viel Wasser aufgießen, daß die Äpfel gar werden, ohne anzubrennen. Man kocht, bis die Äpfel zerfallen. Gelegentlich umrühren.
3. Sie können das Püree zusätzlich durch ein Sieb streichen.
4. Butter und Honig gründlich unterrühren.
5. Sofort servieren oder zugedeckt im Kühlschrank bis zur späteren Verwendung aufheben.

Variation: Apfelschnee
Ein schnelles, einfaches Dessert. Ergibt 8 Portionen.

1. Apfelpüree mit 4 Eßlöffeln Honig zubereiten, abkühlen lassen.
2. Zwei Eiweiß zu steifem Schnee schlagen, unter das Püree ziehen. In einer Schüssel anrichten.
3. Vor dem Servieren mindestens 2 Stunden kalt stellen.

5 Kochäpfel

4 ganze Gewürznelken

1 Stange Zimt

1 Teelöffel geriebene Zitronenschale

1 Eßlöffel Butter

2 Eßlöffel Honig oder brauner Zucker (wahlweise)

Ergibt 6 Portionen

Bratäpfel

6 Kochäpfel

30 g Walnüsse

30 g Korinthen

3 Eßlöffel Honig oder
brauner Rohrzucker

30 g weiches Mehl

⅛ Teelöffel Ingwer

½ Teelöffel Zimt

1 Prise Salz

etwas Vanille

1 bis 2 Eßlöffel Butter

Joghurt (nach Wunsch)

Ergibt 6 Portionen

1. Backrohr auf 210 Grad vorheizen.
2. Äpfel waschen und Kerngehäuse entfernen, dann einen Einschnitt rund um die Mitte machen (damit der obere Teil während des Backens aufgehen kann).
3. Walnüsse hacken, mit Korinthen, Honig, Mehl, Ingwer, Zimt, Salz und Vanille vermischen.
4. Butter zerlaufen lassen und so viel davon unter die Mischung rühren, daß sie schön feucht wird. Alles gründlich miteinander vermengen.
5. Mit dieser Masse die Äpfel füllen.
6. Äpfel in eine gefettete Auflaufform setzen und 30 bis 40 Minuten überbacken, bis sie völlig gar sind. Man kann sie heiß oder kalt servieren und nach Wunsch etwas Joghurt darübergießen.

Fünfuhrtee

Der echte englische Fünfuhrtee

»Nimm etwas Wein«, ermutigte sie der Märzhase. Alice sah sich auf dem ganzen Tisch um, aber es war nichts anderes da als Tee. »Ich sehe keinen Wein«, sagte sie. »Es ist auch keiner da«, gab der Märzhase zu.

Aus *Alice im Wunderland* von Lewis Carroll

Michael Lindfield kam in die Speisekammer und suchte den Tee. Ich sagte ihm, daß wir den Tee im Schuppen aufbewahrten. Nur die lebenswichtigen Dinge, die man täglich braucht – Eier, Milch und Toilettenpapier etwa – hätten in der Vorratskammer Platz. Da mußte er erst einmal tief Luft holen, dann richtete er sich würdevoll auf: »Für einen Engländer«, sagte er, »ist Tee wesentlich wichtiger als Toilettenpapier«.

Eine ebenso alte Tradition wie der Tee selbst haben auch viele Kuchen und Süßigkeiten, die in England einfach dazugehören. Wir haben eine Auswahl aus den Rezeptbüchern der besten Bäcker unserer Gemeinschaft zusammengestellt.

114

Schottische Butterkuchen

1. Backofen auf 150 Grad vorheizen.
2. Die Butter muß Zimmertemperatur haben. Butter, Zucker und Mehl miteinander zu einem runden Kloß verarbeiten.
3. Auf einem Brett den Teig zu etwa 1,5 cm Dicke ausrollen. Daraus Dreiecke oder Rechtecke schneiden und mit einer Gabel mehrmals einstechen. Auf ein Backblech legen und mit Zucker bestreuen.
4. 45 Minuten backen, bis die Kuchen an den Rändern goldbraun werden.

340 g Mehl

225 g Butter
(kein anderes Fett!)

110 g Zucker

Himmlische Teekuchen

1. Backofen auf 220 Grad vorheizen.
2. Margarine und Zucker schaumig rühren. Eier dazugeben und gründlich unterrühren.
3. Die trockenen Zutaten miteinander durch ein Sieb geben. Nacheinander die trockenen Zutaten und die Milch in die Eiermasse geben. Gut durchrühren.
4. In Papiermanschetten füllen und 15 bis 20 Minuten backen, bis die Kuchen goldbraun sind.

110 g Margarine

110 g Puderzucker

2 Eier

170 g Weizenmehl

1½ Teelöffel Backpulver

¼ Teelöffel Salz

2 Eßlöffel Milch

15 Kuchenmanschetten

Flap Jacks

1. Backofen auf 170 Grad vorheizen.
2. Kokosraspel und Haferflocken miteinander mischen; beiseite stellen.
3. Margarine, Zucker, Sirup, Melasse und Salz zusammen erwärmen. Wenn man vermeiden möchte, zu viele Gefäße mit Sirup und Melasse zu verschmieren, kann man die Pfanne direkt auf die Waage stellen und die Mengen darin abwiegen.
4. Haferflocken und Kokosraspel zur Margarinemischung geben und gründlich unterrühren.
5. In eine gefettete viereckige, 20 cm große Backform füllen. Mit ein wenig Kokosraspel und ein paar Haferflocken bestreuen.
6. 30 bis 35 Minuten backen.
7. Aus dem Backrohr nehmen und sofort in Stücke schneiden, aber in der Form lassen, bis der Kuchen ganz abgekühlt ist.

60 g Kokosraspel

170 g Haferflocken

110 g Margarine

60 g Zucker

85 g heller Sirup

85 g Melasse

½ Teelöffel Salz

Buttertoffeebiskuits

570 g Mehl

¾ Teelöffel Natron

¾ Teelöffel Salz

¾ Teelöffel Zimt

½ Teelöffel Nelken

½ Teelöffel Muskatnuß

340 g Butter oder
Margarine

185 g weicher brauner
Zucker

185 g weißer Zucker

3 Eier, gut verschlagen

130 g gehackte
Walnüsse oder
Haselnüsse

1. Mehl, Natron, Salz, Zimt, Nelken und Muskatnuß zusammen durch ein Sieb geben; beiseite stellen.
2. Butter und beide Zuckersorten schaumig rühren. Eier dazugeben und gut unterrühren.
3. Alle trockenen Zutaten dazugeben und gründlich unterarbeiten.
4. Die gehackten Nüsse hineinrühren.
5. Aus dem Teig eine Rolle formen und in fettdichtes Papier wickeln. Über Nacht kühl stellen.
6. In Scheiben schneiden und auf einem gefetteten Backblech bei 180 Grad etwa 10 Minuten backen.

Walnußtörtchen

Teig

85 g Sahnequark

110 g Butter oder
Margarine

130 g Mehl

Füllung

140 g brauner Zucker

1 Eßlöffel weiche Butter

½ Teelöffel Vanille

1 Prise Salz

1 Ei, verschlagen

70 g Walnüsse,
Haselnüsse oder
Pekannüsse, grob
gehackt

1. Butter bei Zimmertemperatur weich werden lassen, mit Sahnequark verrühren.
2. Mehl darunterrühren.
3. Teig etwa eine Stunde kalt stellen.
4. Kleine Bällchen formen, in ungefettete Muffinförmchen setzen. Teig am Boden und an den Seiten festdrücken.
5. Füllung vorbereiten: Zucker, Butter, Vanille und Salz miteinander verrühren. Ei dazugeben und noch einmal alles gut verarbeiten.
6. Nüsse halbieren, die Hälfte auf den Teigböden verteilen, je einen Löffel Füllung darauf geben, die restlichen Nüsse darüber verteilen. Keine Angst, auch wenn es so aussieht, als ob nicht viel Füllung in den Törtchen wäre! Die Füllung geht beim Backen noch auf.
7. Bei 170 Grad etwa 25 Minuten backen, bis die Füllung fest geworden ist.
8. Die Törtchen abkühlen lassen, ehe man sie aus der Form nimmt.

116

Haferflockenkekse mit Schokoladenstückchen

1. Backrohr auf 210 Grad vorheizen.
2. Ein Backblech einfetten.
3. Butter, Zucker und Vanille schaumig rühren, das Ei darunterrühren.
4. Mehl, Salz, Backpulver und Natron durchsieben, in die Butter-Zucker-Masse rühren.
5. Haferflocken dazugeben und gut untermengen.
6. Schokoladestückchen und Haselnüsse unterrühren.
7. Mit einem Löffel Häufchen auf das Backblech setzen.
8. 10 Minuten backen, bis die Plätzchen leicht gebräunt sind.

225 g Butter oder Margarine

185 g Zucker

½ Teelöffel Vanille

1 Ei

255 g Mehl

¾ Teelöffel Salz

¾ Teelöffel Backpulver

¾ Teelöffel Natron

200 g Haferflocken

340 g Schokoladeblättchen oder Kochschokolade, kleingehackt

60 g gehackte Haselnüsse

Dattelräder

1. Mehl, Salz und Natron miteinander durchsieben, beiseite stellen.
2. Butter, Zucker und Ei schaumig rühren. Trockene Zutaten dazugeben und gut einarbeiten.
3. Den Teig kalt stellen.
4. Datteln in Stücke schneiden und in einem Topf mit wenig Wasser und Zitronensaft so lange kochen, bis sie weich und breiig sind.
5. Die Dattelmasse abkühlen lassen.
6. Den Teig zu einem großen Rechteck von etwa 1 cm Dicke ausrollen.
7. Dattelfüllung darauf verteilen. Man kann damit bis fast, aber doch nicht ganz bis an den Rand gehen.
8. Den Teig wie eine Biskuitroulade aufrollen.
9. In fettdichtes Papier wickeln und über Nacht im Kühlschrank ruhen lassen oder für spätere Weiterverwendung einfrieren.
10. Zum Backen das Rohr auf 180 Grad vorheizen.
11. Von der Rolle 1 cm dicke Scheiben abschneiden.
12. Auf das gefettete Backblech setzen und etwa 8 Minuten backen, bis die Kuchen hellbraun sind.

Teig

255 g Mehl

¼ Teelöffel Salz

½ Teelöffel Natron

110 g Butter oder Margarine

270 g weicher brauner Zucker

1 Ei

Füllung

225 g entkernte Datteln

110 ml Wasser

1 Teelöffel Zitronensaft

Ingwerkuchen

110 g Margarine

110 g weicher brauner Zucker

110 g heller Sirup

200 g Weizenmehl

½ Teelöffel Salz

3 Teelöffel Ingwer (oder mehr, wenn der Ingwergeschmack stärker sein soll)

1 Teelöffel Natron

1 Ei

140 ml Milch

1. Backofen auf 160 Grad vorheizen.
2. Eine rechteckige 18-cm-Backform mit fettdichtem Papier auslegen, das man zuvor mit Margarine eingerieben hat.
3. Margarine, Zucker und Sirup in einem Topf miteinander zerlaufen lassen.
4. Alle trockenen Zutaten durchsieben, dann die Margarine-Zucker-Mischung dazugeben und alles gründlich miteinander verrühren.
5. Ei und Milch miteinander verrühren und an den Teig geben.
6. Die Masse in die Form füllen. 1½ Stunden backen. Der Kuchen ist gar, wenn man ihn mit einer Gabel einsticht und die Zinken beim Herausziehen sauber bleiben.
7. Abkühlen lassen und in rechteckige Stücke schneiden.

Kokosnußpyramiden

1 großes Eiweiß

85 g Kokosraspel

85 g Puderzucker

½ Teelöffel Mandel- oder Vanille-Essenz

Backoblaten

85 g Kochschokolade

1. Backofen auf 170 Grad vorheizen.
2. Kokosraspel, Zucker und Aroma miteinander vermischen.
3. Eiweiß steif schlagen, unter die Kokosmischung ziehen.
4. Backoblaten auf das ungefettete Backblech legen und kleine Pyramiden darauf setzen.
5. 15 bis 20 Minuten backen, bis die Plätzchen braun sind. Auf einem Drahtgeflecht abkühlen lassen. Die Backoblaten (sie sind eßbar) bleiben am Boden der Pyramiden hängen.
6. Schokolade schmelzen (im Wasserbad). Jede einzelne Pyramide mit der breiten Unterseite in Schokolade tauchen. Zum Trocknen auf ein Drahtgeflecht setzen.

Kiftens

400 g Butter

185 g Zucker

1 Teelöffel Vanille

140 g geschälte Mandeln

510 g Mehl

110 g Puderzucker

1. Butter, Zucker und Vanille schaumig rühren.
2. Mandeln fein mahlen.
3. Abwechselnd Mandeln und Mehl in die Butter-Zucker-Masse rühren.
4. Kleine Halbmonde formen und auf ein ungefettetes Backblech setzen.
5. Bei 180 Grad 15 bis 20 Minuten backen, bis die Plätzchen leicht gebräunt sind.
6. Noch warm in Puderzucker wälzen.

Johannisbrot-Nußkuchen

1. Backofen auf 180 Grad vorheizen.
2. Eine quadratische Backform von 20 cm Länge einfetten.
3. Butter, Honig und Zucker miteinander schaumig rühren.
4. Das Ei darunterrühren.
5. Die trockenen Zutaten sieben, in die Masse geben und alles gut verrühren.
6. Vanille und gehackte Nüsse hinzufügen.
7. Den Teig in die Form geben und 30 bis 35 Minuten backen. Der Kuchen ist fertig, wenn man mit einer Gabel in die Mitte sticht und die Zinken trocken bleiben.
8. Abkühlen lassen und in Vierecke schneiden.

110 g Butter oder Margarine

110 g Honig

60 g brauner Zucker

1 Ei

85 g Mehl

85 g Johannisbrotpulver (bzw. Kakao)

¾ Teelöffel Backpulver

½ Teelöffel Salz

½ Teelöffel Vanille

130 g gehackte Walnüsse oder Cashewnüsse oder eine Mischung aus beiden Sorten

Haferflockenkekse

Ergeben mit Briekäse und Obst einen sättigenden Imbiß.

1. Kochendes Wasser über die Korinthen gießen, beiseite stellen.
2. Backofen auf 180 Grad vorheizen.
3. Backblech mit Butter einreiben.
4. Alle trockenen Zutaten vermischen, dann das Öl hinzufügen; alles gründlich vermengen.
5. Korinthen abgießen, die Flüssigkeit aufheben. Korinthen in den Teig geben.
6. So viel Wasser dazugeben, daß ein fester Teig entsteht.
7. Den Teig auf einer bemehlten Fläche ausrollen und kleine runde Plätzchen von 5 cm Durchmesser ausstechen.
8. Plätzchen auf das Blech legen und 15 Minuten backen, bis die Kekse anfangen, braun zu werden.

85 g Korinthen (nach Wunsch)

190 g Haferflocken

130 g Hafermehl

130 g weiches Vollweizenmehl

1 Teelöffel Salz

4 Eßlöffel Öl

110 ml Wasser oder Einweichflüssigkeit der Korinthen

Korinthenbrötchen

40 g Korinthen

280 g Mehl

¾ Teelöffel Salz

½ Teelöffel Natron

¾ Teelöffel Backpulver

85 g Butter oder
Margarine

140 ml (ungefähr)
Sauermilch, Buttermilch
oder Kefir

Servieren Sie das Gebäck mit Schlagsahne, Butter und Marmelade.

1. Backofen auf 220 Grad vorheizen.
2. Die Korinthen mit so viel kochendem Wasser übergießen, daß sie eben bedeckt sind. Beiseite stellen.
3. Die trockenen Zutaten miteinander durchs Sieb geben.
4. Butter mit den Fingern unter die trockenen Zutaten kneten, bis die Mischung etwa die Konsistenz grober Haferflocken hat.
5. Korinthen abtropfen lassen und in den Teig einarbeiten.
6. Gerade so viel Milch zugießen, daß man den Teig zu einem Kloß formen kann.
7. Auf einer bemehlten Fläche eine 2 cm dicke Platte ausrollen und beliebige Formen oder runde Plätzchen von 5 cm Durchmesser ausstechen.
8. Mit Milch bestreichen und auf einem ungefetteten Blech 10 bis 20 Minuten backen, bis die Plätzchen goldbraun werden.
9. Das Gebäck in eine Serviette hüllen und sofort servieren.

Variationen
Will man Käsegebäck zubereiten, läßt man die Korinthen weg und fügt dem Teig statt dessen 110 g geriebenen Cheddar-Käse bei. Man kann die Brötchen mit verschlagenem Ei bestreichen und zusätzlich mit etwas geriebenem Käse bestreuen. Wer ganz einfache Teekuchen vorzieht, läßt die Korinthen weg.

Käsestangen

225 g Mehl

1 Prise Cayennepfeffer

½ Teelöffel Salz

½ Teelöffel Senfpulver

60 g Backfett

85 g Margarine

110 g Cheddar-Käse,
gerieben

170 g Parmesankäse,
gerieben

1 Ei

1. Die trockenen Zutaten durch ein Sieb geben. Backfett und Margarine darunterarbeiten, danach die übrigen Zutaten. Alles gründlich miteinander verkneten.
2. Den Teig ausrollen und 1 cm breite Stangen schneiden.
3. Bei 240 Grad 7 bis 10 Minuten backen, bis das Gebäck braun wird.

Desserts

(Kuchen, Pasteten, Torten)

Alle Feste sind notwendig, wenn man sie in der richtigen Weise
betrachtet und begeht. Jedes ist in seiner eigenen Art selbst ein Teil
des großen Zeremoniells des Lebens. Festtage sind regelmäßig
wiederkehrende Zeiten, zu denen die Menschen sich
zusammenfinden und in Harmonie verbinden, um Erhebung,
Erbauung und Auftrieb, Lachen, Gesang und Tanz in unsere Welt
hereinzubringen und hier freizusetzen.

David Spangler, »Festivals in the New Age«

D esserts, Torten und Kuchen sind immer etwas Festliches. Geburtstage, Hochzeiten, die Tage der Sonnenwende und die Zeiten der Tagundnachtgleiche, jeder Anfang und jeder Abschluß, das alles verdient unsere besondere Aufmerksamkeit. Wenn wir einen solchen Anlaß durch ein festliches Essen hervorheben, dann betonen wir damit auch unsere Beziehung zur Erde. Welche Art von Speisen essen wir zu diesen besonderen Anlässen? Es kann etwas ganz Einfaches sein, etwa die ersten Himbeeren der Saison, die mit etwas Schlagsahne zu einem unvergleichlichen Genuß werden. Oder eine frische Ananas, reif und süß, in Scheiben geschnitten und in der eigenen Schale serviert. Oder Melonenhälften, die man entkernt und dann mit saurer Sahne und Brombeeren füllt; eine Platte mit verschiedenen ungewöhnlichen Käsesorten; jede frische Frucht, jedes Obst der Saison. Dann gibt es aber auch noch die wahren Extravaganzen, zu denen wir Zutaten brauchen, die wir normalerweise nicht in unserer alltäglichen Küche verwenden. Die meisten Rezepte dieses Abschnitts gehören zu dieser Kategorie. Außergewöhnliche Zutaten, besonderer Zeitaufwand, komplizierte Dekoration, ungewohnter Geschmack: Damit unterstreichen und feiern wir die unvergeßlichen Ereignisse unseres Lebens.

Islas Torte

Eine unvergeßliche Schokoladentorte, die zu Ehren Islas gebacken wurde.

Kuchenteig
390 g Zucker
225 ml Öl
2 Eier
85 g ungesüßtes Kakaopulver
400 g Mehl
1 Teelöffel Natron
225 ml heißes Wasser
225 ml saure Milch
1 Teelöffel Vanille
60 g gehackte Walnüsse

Füllung
30 g Zucker
225 g Sahnequark
1 Ei
½ Teelöffel Vanille
45 g Kokosraspel
225 g halbsüße Schokoladeblättchen oder Kochschokolade, kleingehackt

Garnierung
⅓ l Schlagsahne (geschlagen)

1. Backofen auf 180 Grad vorheizen.
2. Eine tiefe Springform von 23 cm Durchmesser buttern und mit Mehl bestäuben; beiseite stellen.
3. Zucker, Eier und Öl miteinander schaumig rühren.
4. Die trockenen Zutaten sieben, in die Eiermasse geben und gut einarbeiten.
5. Heißes Wasser zugießen und verrühren, danach die Milch, und alles wieder gründlich miteinander verrühren.
6. Vanille und Walnüsse hinzufügen.
7. Füllung: Zucker mit Sahnequark glattrühren. Erst Ei und Vanille, danach Kokosraspel und Schokolade darunterrühren.
8. Die Hälfte des Kuchenteigs in die Form füllen.
9. Die Füllung auf der Teigmasse verteilen. (Da die Füllung ziemlich steif ist, muß man dazu die Finger oder zwei Löffel nehmen.)
10. Vorsichtig die andere Hälfte des Teigs über die Füllung geben.
11. 70 Minuten lang backen, bis der Kuchen fest ist. (Wenn man den Kuchen ansticht, dürfen die Zinken einer Gabel keine Spuren aufweisen.)
12. Torte aus dem Rohr nehmen und in der Form abkühlen lassen, da die Füllung jetzt ziemlich weich ist und erst fest wird, wenn sie vollständig abkühlt. Das dauert einige Stunden.
13. Den Kuchen vorsichtig aus der Form nehmen.
14. Man verziert die Torte oben und an den Seiten mit Schlagsahne.

Geburtstagstorte

280 ml kochendes Wasser

110 g Butter oder Margarine

100 g feine Haferflocken

170 g Honig

185 g brauner Rohrzucker

185 g weiches Vollweizenmehl

¾ Teelöffel Natron

1 Teelöffel Zimt

¼ Teelöffel Salz

2 Eier

Belag

85 g zerlassene Butter

85 g brauner Rohrzucker

85 g Kokosraspel

130 g gehackte Walnüsse oder Haselnüsse

5 Eßlöffel Sahne oder Kondensmilch

1. Kochendes Wasser über Butter, Haferflocken und Honig gießen. 20 Minuten zugedeckt stehen lassen.
2. Backofen auf 180 Grad vorheizen.
3. Eine Backform von 33 × 23 × 5 cm buttern und mit Hilfe eines Teesiebs mit Mehl bestäuben.
4. Alle trockenen Zutaten miteinander durchs Sieb geben und beiseite stellen.
5. Die Haferflockenmasse gründlich durchrühren, dann die geschlagenen Eier unterziehen.
6. Die trockenen Zutaten hinzufügen und gut untermischen.
7. In die Form gießen. 45 Minuten backen, bis die Gabel sauber bleibt, wenn man damit den Kuchen ansticht.
8. Die Zutaten für den Belag miteinander vermischen.
9. Wenn die Backform auch zum Servieren geeignet ist, kann man den Belag auf dem warmen Kuchen verteilen, unter dem Grill bräunen und vor dem Servieren abkühlen lassen.
10. Soll der Kuchen zum Servieren auf eine andere Platte gebracht werden, wählt man eine, die auch die Hitze des Grills aushält. Man läßt in diesem Fall den Kuchen zuerst abkühlen, setzt ihn auf die Platte, verteilt den Belag darauf und bräunt ihn rasch unter dem Grill.

124

Schwedische Rübenpastete

Es ist immer wieder erstaunlich, wie gut diese Pastete mit der Füllung aus den bescheidenen Steckrüben schmeckt. Bei uns erfand jemand die Bezeichnung »Schwedische Überraschung« dafür.

Pastetenboden
1. Backofen auf 220 Grad vorheizen.
2. Alle trockenen Zutaten miteinander vermischen.
3. Butter dazugeben und gut verarbeiten.
4. Mit einer Gabel das Öl darunterarbeiten.
5. Gerade so viel Wasser dazugeben, daß der Teig zusammenhält.
6. Eine runde Pastetenform von 23 cm Durchmesser auslegen.
7. Boden 10 Minuten überbacken.
8. Vor dem Füllen abkühlen lassen.

Füllung
1. Rüben waschen, schälen und in kleine Stücke schneiden. In ein wenig Wasser weichkochen, abgießen; Kochwasser aufheben.
2. Milch und Kochbrühe bis zum Siedepunkt erhitzen.
3. Rüben, Maisstärke, Zucker, Salz, Zimt, Muskat, Brühe, Milch und Zitronenmelisse im Mixer pürieren.
4. Die Masse im Wasserbad erhitzen, bis sie dick wird. Deckel aufsetzen und weitere 10 Minuten ziehen lassen.
5. Eier trennen, Eiweiß aufheben, Eigelb schaumig rühren.
6. Einige Löffel Rübenmasse zum Eigelb geben.
7. Eigelbmasse mit in den Topf geben und weitere 2 Minuten ziehen lassen.
8. Topf vom Herd nehmen, abkühlen lassen.
9. Sobald die Masse abgekühlt ist, Eiweiß zu steifem Schnee schlagen.
10. Eierschnee vorsichtig unter die Rübenmasse ziehen, in die vorgebackene Kruste gießen.
11. Mindestens zwei Stunden in den Kühlschrank stellen.
12. Vor dem Servieren die Sahne schlagen und die Pastete damit garnieren.

Variationen
Anstatt Steckrüben kann man andere Gemüse verwenden, etwa Kürbis oder Pastinakwurzeln. Bei uns wurde das Rezept ursprünglich mit »Schwedischen Turnips« zubereitet und fand anfangs großen Anklang. Später kamen wir aber zu dem Schluß, daß die Pastete doch ein wenig zu sehr »nach Rüben« schmeckt, und wir versuchten es mit anderen Gemüsesorten.

Pastetenboden

40 g feine Haferflocken

55 g Vollweizenmehl

30 g frisch gemahlene Haselnüsse oder andere Nüsse oder Samen

1½ Eßlöffel brauner Rohrzucker

½ Teelöffel Zimt

½ Teelöffel Salz

55 g Butter

1½ Eßlöffel Öl

2 Eßlöffel Wasser

Füllung

225 g Schwedische Rübchen (Kohlrüben, Steckrüben), nach dem Schälen gewogen

140 ml Kochwasser

140 ml Milch

2 Eßlöffel Maisstärke

85 g brauner Rohrzucker

¼ Teelöffel Salz

1 Teelöffel Zimt

1 Teelöffel Muskatnuß

1 Teelöffel frische Zitronenmelisse (falls vorhanden)

3 Eier

140 ml Schlagsahne

Mürbeteig

250 g Mehl

¾ Teelöffel Salz

60 g Butter

60 g Pflanzenfett

5 bis 6 Eßlöffel
Eiswasser

Ergibt einen gedeckten
Kuchen von etwa 20 cm
Durchmesser oder zwei
einfache Tortenböden.

für Kuchen-, Pasteten- und Tortenböden

1. Mehl und Salz vermischen.
2. Butter und Pflanzenfett miteinander verrühren.
3. Backfettmischung und Mehl entweder in der Küchenmaschine oder mit den Händen verkneten, bis die Mischung etwa die Konsistenz von Haferflocken hat.
4. Das Eiswasser mit einer Gabel untermischen, einen Eßlöffel nach dem andern. Man verwendet gerade so viel Wasser, daß man den Teig zu einem Kloß formen kann.
5. Sollen Füllung und Boden zusammen gebacken werden, ist der Teig nun gebrauchsfertig. Wird der Boden vorgebacken, fährt man fort mit den Anweisungen Nr. 6 bis 9.
6. Teig ausrollen und Backform damit auslegen. Überstehende Kanten abschneiden. Boden und Seiten mit einer Gabel einstechen.
7. Eine Stunde in den Kühlschrank stellen.
8. Backofen auf 230 Grad vorheizen.
9. Boden aus dem Kühlschrank nehmen und sofort in 10 bis 12 Minuten goldbraun backen.

Anregungen

Man kann den Mürbeteig im voraus zubereiten und bis zu einer Woche im Kühlschrank aufbewahren. Damit sich der Teig leichter verarbeiten läßt, nimmt man ihn eine Stunde vor dem Ausrollen aus dem Eisschrank.

Margarine, Butter und Pflanzenfett sind bei diesem Rezept austauschbar, aber für den Anfänger ist Margarine oder Pflanzenfett leichter zu verarbeiten. Sobald man die Teigzubereitung und das Ausrollen sicher beherrscht, sollte man zur Hälfte Butter verwenden, das ergibt einen feineren Geschmack. Wieviel Salz man zugeben muß, hängt von der Art des verwendeten Backfetts ab.

Fassen Sie den Teig so wenig wie möglich an. Mischen Sie rasch alle Zutaten und rollen Sie den Teig schnell aus. Es besteht kein Grund zur Verzweiflung, wenn der erste Mürbeteig nicht ganz gelingt. Nach einiger Zeit haben Sie genügend Erfahrung, und das Ergebnis wird besser.

Apfelkuchen

Mürbeteig für einen
gedeckten Kuchen,
hergestellt aus
Vollweizenmehl.

1. Backofen auf 180 Grad vorheizen.
2. Äpfel waschen, entkernen, in dünne Scheiben schneiden.
3. Butter in kleine Stücke schneiden. Äpfel, Butter, Mehl, Zucker, Zitronensaft und Gewürze miteinander vermengen. Gut durchrühren, bis alles gründlich miteinander vermischt ist. Diese Masse ruhen lassen, während man den Kuchenboden vorbereitet.

4. Teig in zwei Portionen teilen. Die eine Hälfte ausrollen und eine große runde feuerfeste Form damit auslegen (23 cm Durchmesser).
5. Apfelfüllung abschmecken und nach Geschmack noch etwas Honig, Zitrone oder Gewürz hinzufügen. (Äpfel sind sehr unterschiedlich im Geschmack.) Mit der Apfelmasse den Teigboden füllen.
6. Die andere Hälfte des Teigs ausrollen und in 2 cm breite Streifen schneiden.
7. Aus diesen Teigstreifen ein Gitter über den Kuchen legen (wie beim Weben).
8. Aus dem überstehenden Teig einen Rand formen, bei dem alle Endstücke des Gitters mitverarbeitet werden. Den Rand zu einem Bogenmuster drücken.
9. Ein Ei mit einem Eßlöffel Wasser oder Milch verrühren und den Kuchen damit bestreichen. (Was übrigbleibt, kann anderweitig zum Kochen verwendet werden.)
10. Den Kuchen etwa eine Stunde backen, bis die Kruste goldbraun ist und die Äpfel weich sind.

900 g Kochäpfel

2 Eßlöffel Butter oder Margarine

2 Eßlöffel Mehl

3 Eßlöffel brauner Zucker *oder*

2 Eßlöffel Honig

Saft einer ½ Zitrone

1½ Teelöffel Zimt

½ Teelöffel gemahlene Nelken

⅛ Teelöffel gemahlener Kardamom

1 Ei

Ergibt 8 bis 12 Portionen

Serviervorschläge
Man kann den Kuchen warm auf den Tisch bringen und dazu Schlagsahne, Vanilleeis oder Cheddar-Käse reichen.

Ein Apfelkuchen ist ein gesundes, sättigendes Gericht, die vollkommene Ergänzung einer leichten Mahlzeit. Auch beim »Brunch« oder zum Tee gut geeignet.

Variation
Man kann Walnüsse, Sonnenblumenkerne oder jede andere Sorte Nüsse oder Kerne mit in die Apfelfüllung geben.

Obstkuchen mit frischen Beeren

1. Die Beeren waschen und abtropfen lassen.
2. Die Hälfte der Beeren zerdrücken.
3. Maisstärke, Zucker und Salz in einem mittelgroßen Topf miteinander vermischen.
4. Die zerdrückten Beeren dazugeben und alles kochen, bis die Mischung dick und klar wird.
5. Die restlichen unzerdrückten Beeren auf dem vorgebackenen Kuchenboden verteilen.
6. Die heiße Beerenmasse über die frischen Beeren gießen.
7. Abkühlen lassen. Mindestens eine Stunde in den Kühlschrank stellen.
8. Mit der geschlagenen Sahne garnieren.

Ein einfacher Tortenboden, vorgebacken (Rezept »Mürbeteig«).

500 g frische Brombeeren, Erdbeeren oder Himbeeren

3 Eßlöffel Maisstärke

170 g Zucker *oder* 340 g heller Honig

¼ Teelöffel Salz

140 ml Schlagsahne

Schokoladencremekuchen

Ein einfacher Torten-
boden, vorgebacken,
etwa 20 cm Durch-
messer (Rezept
»Mürbeteig«).

5 Eßlöffel ungesüßtes
Kakaopulver

125 g Zucker

5 Eßlöffel Maisstärke

⅛ Teelöffel Salz

700 ml Milch

½ Teelöffel Vanille

½ abgeriebene
Orangenschale (nach
Belieben)

140 ml Schlagsahne

Ergibt 8 Portionen

1. Kakaopulver, Zucker, Maisstärke und Salz miteinander vermischen.
2. Milch hinzufügen und gründlich verrühren.
3. Über einen Topf mit kochendem Wasser setzen und etwa 10 Minuten unter ständigem Rühren erhitzen. Sobald die Masse dick zu werden beginnt, setzt man den Deckel auf und läßt weitere 10 Minuten leise kochen.
4. Vom Herd nehmen. Wenn die Masse etwas abgekühlt ist, Vanille und Orangenschale unterrühren.
5. Masse in den vorgebackenen Kuchenboden füllen.
6. Etwas abkühlen lassen, dann mindestens 2 Stunden in den Kühlschrank stellen.
7. Vor dem Servieren mit Schlagsahne verzieren.

Bananencremekuchen

1. Maisstärke mit Salz und Milch gründlich verrühren.
2. Über einen Topf mit kochendem Wasser setzen. Sobald die Masse warm zu werden beginnt, fügt man den Honig hinzu.
3. Unter ständigem Rühren etwa 10 Minuten erhitzen, bis die Masse dick wird. Deckel auflegen und weitere 10 Minuten ziehen lassen.
4. In einer anderen Schüssel 8 Eßlöffel der dick gewordenen Masse mit dem schaumig gerührten Ei verrühren. Diese Mischung mit in den Topf geben und alles sehr gut verrühren.
5. Noch einmal 2 Minuten unter ständigem Rühren erhitzen.
6. Vom Herd nehmen und etwas abkühlen lassen.
7. Während die Masse abkühlt, die Banane schälen, in Scheiben schneiden und auf dem Kuchenboden verteilen.
8. Vanille in die dick gewordene Masse rühren.
9. Die Creme über die Bananenscheiben gießen.
10. Kuchen abkühlen lassen und danach mindestens 2 Stunden lang in den Kühlschrank stellen.
11. Vor dem Servieren mit geschlagener Sahne verzieren.

Variation

Will man einen Kokosnußkuchen zubereiten, läßt man die Banane weg und gibt statt dessen 90 g frische, geriebene Kokosnuß in die dick gewordene Milchmasse, ehe man sie über den Kuchenboden gießt. Man serviert ebenfalls mit einer Haube aus Schlagsahne.

Ein einfacher Tortenboden, vorgebacken, etwa 20 cm Durchmesser (Rezept »Mürbeteig«).

3 Eßlöffel Maisstärke

⅛ Teelöffel Salz

½ l Milch

4 Eßlöffel heller Honig

1 Ei, schaumig gerührt

1 Banane

½ Teelöffel Vanille

140 ml Schlagsahne

Ergibt 6 bis 8 Portionen

Schokoladeblätter

Eine Leckerei aus Pfefferminzschokolade. Maggie Miller aus Newbold House machte uns damit bekannt.

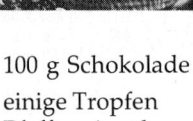

100 g Schokolade

einige Tropfen Pfefferminzöl

Die Menge reicht für 8 Personen.

Man rechnet pro Person 3 bis 4 Blätter.

1. Man pflückt schöne ebenmäßige Rosenblätter verschiedener Größe.
2. Die einzelnen Blättchen vom Zweig lösen, jedes sorgfältig waschen und abtrocknen.
3. Die Schokolade langsam zerlaufen lassen, am besten im Wasserbad. Das Wasser darf nicht kochen.
4. Sobald die Schokolade geschmolzen ist, nimmt man das Gefäß vom Herd und rührt ein paar Tropfen Pfefferminzöl hinein. Probieren, ob die Menge genügt.
5. Man hält ein Rosenblatt mit der geäderten Unterseite nach oben.
6. Mit dem Stiel eines hölzernen Kochlöffels bestreicht man das Blatt dünn mit Schokolade: Man verteilt die Schokolade bis an den Rand des Blattes, sie darf aber nicht auf die andere Seite fließen.

7. Vorsichtig ein Blatt nach dem anderen auf ein Butterbrotpapier setzen und 20 bis 60 Minuten trocknen lassen, bis die Blätter von der Schokolade abgelöst werden können. Es ist unterschiedlich, wieviel Zeit das Trocknen in Anspruch nimmt; das hängt weitgehend von der Temperatur in der Küche ab. Ist der Raum zu warm, muß man die Blätter sogar ein paar Minuten in den Kühlschrank stellen. Damit sie sich aber leicht abziehen lassen, darf die Schokolade nicht ganz hart werden.

8. Die Rosenblätter vorsichtig und rasch von den Schokoladeblättern trennen, damit die Wärme der Hand die Schokolade nicht zum Schmelzen bringt. Falls Teile der Blätter hängenbleiben, löst man sie vorsichtig mit der Spitze eines kleinen Küchenmessers.

9. Die fertigen Schokoladeblätter bis zum Servieren kühl stellen.

10. Die Blätter mit der geäderten Seite nach oben auf einem Teller anordnen.

11. Man bietet die erfrischenden Pfefferminzschokoladeblätter nach dem Essen an.

Variationen

Anstatt mit Pfefferminzessenz kann man die Schokolade mit einem Likör von intensivem Aroma oder mit abgeriebener Orangenschale verrühren. Man kann die Blätter auch zur Dekoration anderer Desserts verwenden.

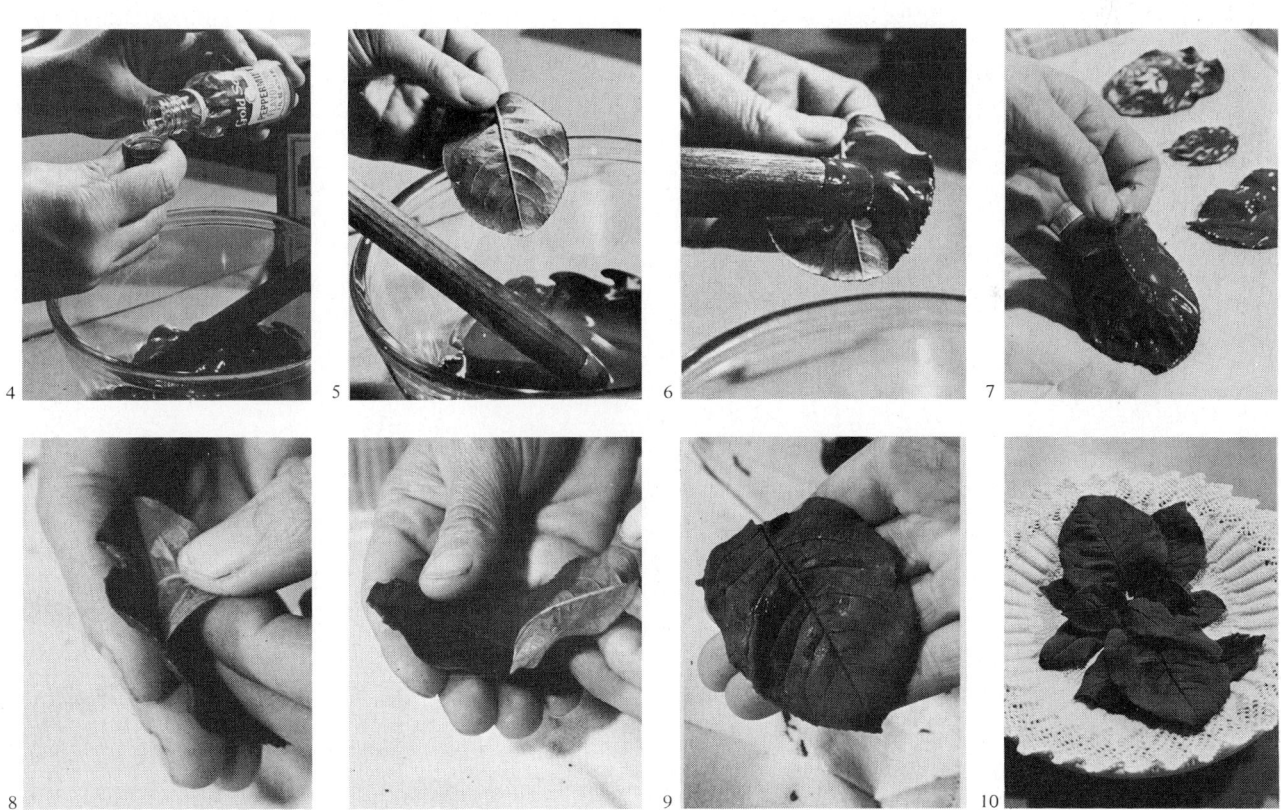

Sherry-Biskuit

Madeira-Kuchen

225 g Weizenmehl

1 Teelöffel Backpulver

⅛ Teelöffel Salz

170 g Butter oder Margarine

170 g Zucker

3 Eier

Füllung

85 g rote Marmelade

400 g Pfirsiche, Ananas oder Erdbeeren aus der Dose

2 Bananen

etwa 340 ml süßer Sherry (Cream Sherry)

Madeira-Kuchen

Tips: Der Kuchen soll 3 bis 7 Tage vorher gebacken werden. Sherry-Biskuit schmeckt besser, wenn man ihn vor dem Servieren einige Stunden in den Kühlschrank stellt.

1. Backofen auf 170 Grad vorheizen.
2. Eine Backform von 23 × 12 × 7 cm buttern und mit Mehl bestäuben.
3. Mehl, Backpulver und Salz sieben und beiseite stellen.
4. Butter und Zucker schaumig rühren.
5. Eier hinzufügen und wieder alles schaumig rühren.
6. Die Mehlmischung hineinrühren, bis ein glatter Teig entsteht. In die Backform gießen.
7. 1¼ Stunden backen, bis der Kuchen durch ist. Aus der Form nehmen.
8. Kuchen an einem sicheren Platz aufbewahren, bis er »altbacken« ist (3 bis 7 Tage).

Füllung

1. Saft der Dosenfrüchte abgießen.
2. Kuchen in Scheiben schneiden, jede Scheibe mit Marmelade bestreichen und wie ein Sandwich zusammenklappen. Kuchenscheiben in Stücke schneiden und den Boden einer großen Schüssel oder drei kleiner Schüsseln damit auslegen. Nach Möglichkeit Glasschüsseln verwenden.
3. Mit dem Löffel gerade so viel Sherry über den Kuchen träufeln, daß er sich vollsaugen kann, aber nicht aufweicht und zerfällt.
4. Früchte und Bananenscheiben auf dem Kuchen verteilen.

Pudding

1. Milch erhitzen, aber nicht kochen lassen.
2. Die Eier eine Minute kräftig schlagen.
3. Milch durch ein Sieb gießen. (Dadurch entfernt man die Haut, die sich vielleicht an der Oberfläche gebildet hat.)
4. Die Eier ebenfalls durch das Sieb in die Milch geben. Den Zucker hineinrühren.
5. Den Topf mit der Eiermilch über kochendes Wasser setzen. Der Boden des Gefäßes, in dem sich der Pudding befindet, darf nicht das kochende Wasser berühren, sondern muß darüber hängen!
6. Die Masse erhitzen, bis sie dick zu werden beginnt und am Stiel eines Holzlöffels hängenbleibt.
7. Den Puddingtopf vom Herd nehmen und Vanille hineinrühren.
8. Pudding in kaltes Wasser stellen, damit er schneller abkühlt. Falls nötig, das Wasser wechseln, dann geht es noch rascher.
9. Während des Abkühlens den Pudding gelegentlich umrühren. Er wird in dieser Zeit noch etwas dicker.
10. Sobald der Pudding etwas abgekühlt ist, gießt man ihn über den Kuchen, damit sich eine glatte Schicht bilden kann.
11. Einige Stunden oder über Nacht kalt stellen.

Garnierung

1. Sahne schlagen und auf der Puddingschicht verteilen.
2. Kirschen halbieren. Das Dessert mit Mandeln und Kirschen verzieren.
3. Bis zum Servieren kalt stellen.

Variationen

Statt der Dosenfrüchte kann man auch frisches Obst oder Beeren verwenden. Man kann dieses Dessert an einem Tag zubereiten, wenn man einen bereits abgelagerten Kuchen kauft.

Pudding

1 l Milch

6 Eßlöffel Zucker

6 Eier

¼ Teelöffel Vanille

Garnierung

¼ l Schlagsahne (auch mehr, wenn man es besonders gut meint!)

60 g kandierte Kirschen

30 g geröstete Mandelblättchen

Ergibt 20 Portionen

Hochzeitskuchen

mit Bananen, Datteln und Nüssen

9 Eier
(Zimmertemperatur)

1 kg Vollweizenmehl
(oder eine Mischung aus
Vollweizen- und
ungebleichtem weißem
Mehl)

1 Teelöffel Salz

28 g Natron (oder halb
Natron und halb
Backpulver)

1 Teelöffel Zimt

½ Teelöffel Muskatnuß

¼ Teelöffel Ingwer

½ Teelöffel
Gewürznelken

400 ml Distelöl

840 g Honig

1,68 kg zerdrückte
Bananen (etwa 20 Stück,
ohne Schalen gewogen)

455 g fein gehackte
Datteln

455 g fein gehackte
Walnüsse

Creme

6 Orangen

900 g Butter oder
Margarine

1,37 kg Honig

455 g Milchpulver

1 Teelöffel Vanille

frische Blüten

Ergibt 50 großzügig
bemessene Portionen
(1 großes Kuchenblech)

Kuchen

1. Backofen auf 170 Grad vorheizen.
2. Ein großes Backblech (oder zwei Bleche von je 48 × 38 × 4 cm) leicht mit Öl bestreichen und gut mit Mehl bestäuben.
3. Eier in der Küchenmaschine mit mäßiger Geschwindigkeit schlagen.
4. Inzwischen alle trockenen Zutaten miteinander durchsieben und beiseite stellen.
5. Sobald die Eier schaumig sind, gießt man langsam das Öl dazu und schlägt noch einmal alles gut durch.
6. Sobald Eier und Öl gut miteinander vermischt sind, stellt man den Mixer ab und gießt den Honig in die Masse. Dann schaltet man die Geschwindigkeit zurück und schlägt noch einmal alles durch. (In der Zwischenzeit hackt man die Datteln und Nüsse.)
7. Sobald die flüssigen Zutaten gut miteinander verbunden sind, geht man mit der Geschwindigkeit zurück und gibt nach und nach abwechselnd das Mehl und die zerdrückten Bananen dazu. Man wird gelegentlich die Küchenmaschine abstellen müssen und die Masse vom Boden der Schüssel lösen, weil sie sich dort immer wieder festsetzt.
8. Sobald die Masse gut durchgearbeitet ist, gibt man die Walnüsse und Datteln dazu. Ein oder zwei Minuten unterrühren, die ganze Mischung abschließend noch einmal mit hoher Geschwindigkeit schlagen.
9. Teig auf das Backblech geben.
10. Etwa 40 Minuten backen, bis der Kuchen goldbraun ist. (Eine eingestochene Messerspitze muß sauber sein, wenn man sie herauszieht.)
11. In der Form abkühlen lassen.
12. Um den Kuchen vom Blech zu lösen, lockert man die Ränder mit einem Messer und legt ein zweites Blech von gleicher Größe über den Kuchen. Dann hält man die beiden Bleche an beiden Seiten fest zusammen, dreht sie um und läßt den Kuchen mit einer raschen, kräftigen Bewegung auf das zweite Blech gleiten, so daß jetzt der Boden oben liegt. Als nächstes legt man die Servierplatte über den Kuchen und wiederholt die Prozedur, so daß nun der Kuchen wieder mit der richtigen Seite nach oben liegt.
13. Man schiebt Streifen von Butterbrotpapier unter die Ränder des Kuchens, damit die Platte sauber bleibt, wenn man die Creme über den Kuchen gießt.

Creme

1. Orangenschale abreiben, Orangen auspressen. Geriebene Orangenschale und Saft beiseite stellen.
2. Butter in der Küchenmaschine schaumig rühren.
3. Honig hinzufügen und gut mit der Butter verrühren.
4. Milchpulver durch ein Sieb dazugeben. Orangensaft, Orangenschale und Vanille hinzufügen. Alles gründlich vermischen.
5. Sobald der Kuchen vollständig abgekühlt ist, verteilt man die Orangencreme darüber und dekoriert mit einigen Blüten.

Vadans gefrorene

Joghurt-Pastete

Ein Dessert, das sich besonders für heiße Sommernächte eignet. Sollte es so etwas jemals hier im Norden Schottlands geben, dann sind wir darauf vorbereitet.

Pastetenboden
1. Backofen auf 150 Grad vorheizen.
2. Alle trockenen Zutaten miteinander vermischen.
3. Die zerlassene Butter dazugeben und gut verarbeiten.
4. Man legt eine Pastetenform von 23 cm Durchmesser mit dem Teig aus und streicht die Masse mit der Hand gleichmäßig glatt.
5. 15 Minuten backen. Vor dem Füllen ganz abkühlen lassen.

Füllung
1. Den Sahnequark durchrühren, mit dem Schneebesen den Joghurt darunterrühren.
2. Milchpulver hineinsieben und gründlich verrühren.
3. Zitronenschale, Vanille und zerdrückte Bananen dazugeben. Rühren, bis alles gut verbunden ist.
4. Honig dazugeben und wieder gut verrühren.
5. Vorsichtig die anderen frischen Früchte darunterheben. Wenn man kleine Beeren nimmt, kann man sie ganz lassen. Ananas oder andere größere Früchte schneidet man in kleine Stücke.
6. Die Masse in den vorgebackenen Pastetenboden füllen.
7. Vadan behauptet: »Meine liebste Beschäftigung (natürlich außer dem Essen!) ist das Dekorieren der Pastete. Meist lege ich abwechselnd Bananenscheiben und Beeren um den Rand und mache in der Mitte ein Mandala aus frischen Minzeblättern, vielleicht mit einer Erdbeere als Mittelpunkt.«
8. Die Pastete durch und durch gefrieren lassen (über Nacht).
9. Rechtzeitig vor dem Servieren nimmt man die Pastete aus dem Tiefkühlfach und läßt sie vor dem Anschneiden 30 bis 45 Minuten auftauen. Wenn die Tiefkühltruhe besonders kalt ist, dauert es noch länger.

Pastetenteig

125 g Vollkornkekse, fein zerdrückt

30 g Walnüsse oder Cashewnüsse, fein gehackt

1 Teelöffel Zimt

1 Prise Gewürznelken

1 Prise Nelkenpfeffer

85 g zerlassene Butter

Füllung

450 g Sahnequark

225 ml Joghurt

50 g Milchpulver

abgeriebene Schale einer Zitrone

½ Teelöffel Vanille

2 Bananen, zerdrückt

Honig nach Geschmack (etwa 2 Eßlöffel)

140 g frische Früchte (Beeren oder Ananas eignen sich gut)

½ Banane, einige Beeren und Pfefferminzblätter zur Dekoration

Eine ganz besondere Schokoladentorte

110 g bittere Schokolade
oder
70 g Kakaopulver

110 g Butter
(bei Verwendung von
Kakao 220 g Butter)

¼ l kochendes Wasser

370 g Zucker

225 g Mehl

7 Eßlöffel Sauermilch

¼ Teelöffel Natron

2 schaumig gerührte
Eier

2 Teelöffel Vanille

Schokoladencreme

270 g Zucker

90 g bittere Schokolade
oder
7 Eßlöffel Kakao

¼ l Sahne

1 Eßlöffel Butter

½ Teelöffel Vanille

Wir widmen diese Torte David Spangler, dem größten Schokoladenliebhaber der Welt!

Anweisung für den Kuchen
1. Backofen auf 180 Grad vorheizen.
2. Zwei runde Kuchenbleche mit Butter einreiben und mit Mehl bestäuben.
3. Kochendes Wasser über Schokolade und Butter gießen. Zudecken und schmelzen lassen.
4. Zucker hinzufügen und alles gut verrühren.
5. Das Mehl leicht unterheben.
6. Natron mit der sauren Milch verrühren und in den Teig geben.
7. Eier und Vanille hinzufügen. Rühren, bis ein glatter Teig entsteht.
8. In die Backformen gießen.
9. Etwa 30 Minuten backen, bis die Kuchen durchgebacken sind.
10. 5 Minuten abkühlen lassen, danach aus der Form nehmen und vor dem Garnieren vollständig abkühlen lassen.

Schokoladencreme
1. Alle Zutaten mit Ausnahme der Vanille in einen Topf geben und miteinander verrühren.
2. Erhitzen, bis sich ein kleiner Klumpen bildet, wenn man einen Tropfen dieser Masse in eine Schüssel mit kaltem Wasser fallen läßt.
3. Vanille darunterrühren.
4. Die Creme abkühlen lassen, ehe man sie auf der Torte verteilt. Man kann außerdem gehackte Walnüsse darüberstreuen.

Käsekuchen

1. Backofen auf 160 Grad vorheizen.
2. Kekskrümel gut mit der Butter verarbeiten. Mit der Masse eine flache Form von etwa 20 cm Durchmesser auslegen, mit der Hand gleichmäßig glattstreichen.
3. Sahnequark schaumig rühren.
4. Eier darunterrühren.
5. Honig, Zitronensaft, Vanille und Salz hinzufügen, gut verrühren.
6. Die Masse auf den Kuchenboden gießen und 25 bis 30 Minuten überbacken, bis sie fest wird.
7. Während der Kuchen im Rohr ist, verrührt man alle Zutaten für den Guß.
8. Den Guß über den heißen Kuchen geben und weitere 10 Minuten überbacken.
9. Abkühlen lassen und mindestens 8 Stunden in den Kühlschrank stellen.

Kuchenboden
110 g Vollkornkekse, fein zerdrückt
50 g zerlassene Butter

Füllung
225 g Sahnequark
6½ Eßlöffel milder heller Honig
1 Eßlöffel Zitronensaft
½ Teelöffel Vanille
⅛ Teelöffel Salz
2 Eier, schaumig gerührt

Guß
¼ l saure Sahne
2 Eßlöffel Honig
½ Teelöffel Vanille

Gekochte Birnen

Ich serviere gern als Abschluß eines besonders festlichen Essens zwei verschiedene Desserts. Gekochte Birnen sind ein idealer erster Dessert-Gang. Sie sind leicht und neutralisieren den Geschmack. Das zweite Dessert erscheint danach noch köstlicher.

1. Birnen waschen; ganz lassen.
2. Birnen in einen Topf geben und so viel Wasser darübergießen, daß sie zur Hälfte von Wasser bedeckt sind.
3. Die Birnen aus dem Wasser nehmen, Wassermenge abmessen.
4. Wasser zum Kochen bringen, die Birnen vorsichtig hineinlegen.
5. Hitze zurückdrehen und leise ziehen lassen, bis die Birnen fast weich sind (etwa 10 Minuten).
6. Zucker oder Honig hinzufügen und leise weiterkochen lassen, bis man die Birnen mit einer Gabel leicht einstechen kann. Sie dürfen aber nicht zerkochen. Den Sirup abschmecken und, falls nötig, nachsüßen.
7. Vom Herd nehmen und Vanille in den Sirup rühren.
8. Birnen etwas abkühlen lassen, dann halbieren. Jede Hälfte mit der Schnittfläche nach unten in eine Schale legen und etwas Sirup darübergießen.

Variationen
Man kann den Sirup auch mit Zimt, Nelken und Muskatnuß würzen. Versuchen Sie auch einmal, andere Früchte zu kochen, etwa Pfirsiche oder Aprikosen. Wenn dieses Dessert der einzige Nachtisch ist, läßt man die Birnen ganz und serviert eine pro Person.

Pro Person ½ feste, unreife Birne

Für je ½ Liter Wasser 4 Eßlöffel brauner Zucker oder Honig und ¼ Teelöffel Vanille

Karamelcreme

55 g Zucker

455 ml Milch

4 Eier

6 Eßlöffel Zucker oder heller Honig

½ Teelöffel Vanille

⅛ Teelöffel Salz

Ergibt 6 bis 8 Portionen

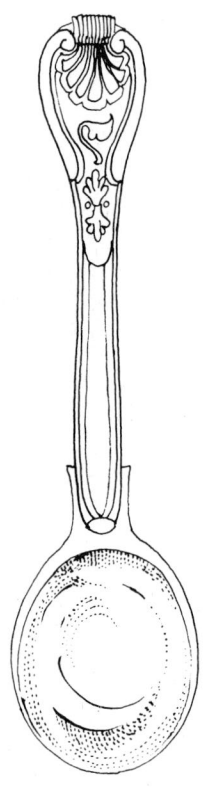

1. Eine schöne, feuerfeste Form von 1 l Inhalt ausspülen und gut abtrocknen. Beiseite stellen.
2. Backofen auf 160 Grad vorheizen.
3. In einer Eisenpfanne den Zucker langsam unter ständigem Rühren erhitzen, bis er flüssig und karamelfarben wird.
4. Den Sirup in die Form gießen, dabei die Form so drehen, daß der karamelisierte Zucker einen möglichst großen Teil der Oberfläche bedeckt. Vorsicht, der flüssige Zucker ist sehr heiß! Die Form zum Abkühlen beiseite stellen.
5. Sofort vorsichtig *kochendes* Wasser in die heiße Eisenpfanne gießen. Wegen der hohen Temperatur wird es zischen, spritzen und dampfen. Das Wasser in der Pfanne schwenken, damit der Karamel sich überall löst. Tut man das nicht sofort, ist die Pfanne später nur schwer zu reinigen.
6. Eier schaumig rühren und beiseite stellen.
7. In einem Topf die Milch leicht anwärmen, vom Herd nehmen.
8. Zucker dazugeben und rühren, bis er sich auflöst.
9. Die Eiermasse, Vanille und Salz dazugeben und alles gründlich miteinander verrühren.
10. In die Form gießen.
11. Die Form in ein größeres Gefäß mit heißem Wasser in den Backofen stellen. (Es ist ein wenig schwierig, die Form im Rohr in ein anderes Kochgeschirr mit heißem Wasser zu stellen und wieder herauszunehmen, aber die Mühe lohnt sich wirklich, weil die Konsistenz der Creme viel besser wird.)
12. 40 bis 60 Minuten backen, bis eine in die Mitte eingestochene Messerspitze sauber bleibt, wenn man sie herauszieht.
13. Abkühlen lassen, dann einige Stunden in den Kühlschrank stellen.
14. Unmittelbar vor dem Servieren das Dessert stürzen. Dazu löst man zuerst die Ränder mit einem Messer, dann legt man eine Servierplatte mit der Oberseite auf die Form. Man hält Form und Platte ganz fest zusammen, stürzt die Creme rasch auf die Platte und entfernt die Form. Der Karamel fließt jetzt als Soße um die Creme.

Variationen

Man kann die Karamelcreme mit einigen Blüten dekorieren. Außerdem kann man dazu zusätzlich Schlagsahne reichen oder das Dessert mit gerösteten, gehackten Cashewnüssen oder Mandeln bestreuen.

Mehr als ein einfacher

»Croquembouche«

Der Croquembouche, der traditionelle französische Hochzeitskuchen, ist ein hoher Turm aus cremegefüllten kleinen Windbeuteln, die durch karamelisierten Zucker zusammengehalten werden. Vorläufer der hier abgebildeten Hochzeitstorte, die das Werk von Ike und Maggie Isaksen ist, war ein einfacher Croquembouche. Erst heute, nachdem wir hier in Findhorn viele Hochzeiten gefeiert haben, hat sie ihre gegenwärtige Form erreicht.

Die Herstellung erscheint schwieriger, als es tatsächlich der Fall ist. Auf den folgenden Seiten geben wir die Rezepte für die einzelnen Bestandteile an. Danach folgt die Anweisung für das Zusammensetzen.

Falls Ihre Küche nicht mit den erwähnten großen Werkzeugen und Geräten ausgestattet ist, nehmen Sie jeweils nur die Hälfte oder ein Viertel der in den Rezepten angegebenen Mengen und verwenden das Material, das Ihnen zur Verfügung steht.

Um diese Torte herzustellen, müssen drei Amateurköche etwa acht Stunden arbeiten. Planen Sie gleich im voraus ein, daß der Kuchen an der Stelle zusammengesetzt werden sollte, an der er später aufgeschnitten wird, denn sobald er einmal fertig ist, kann man ihn kaum mehr von der Stelle bewegen.

Wer es vorzieht, einen Kuchen mit Vollkornerzeugnissen zu backen, kann sein eigenes Lieblingsrezept für den Kuchen verwenden und hält sich erst beim Zusammensetzen der Torte an die gegebenen Anweisungen.

Dieses Rezept ergibt 100 Portionen.

670 g Puderzucker

20 Eidotter

340 g Weizenmehl

1,8 l Milch

60 g Butter

¼ l Cognac

abgeriebene Schale von
2 Orangen

abgeriebene Schale von
2 Zitronen

Füllung

Diese Füllung kann bis zu einer Woche im voraus zubereitet und im Kühlschrank aufbewahrt werden.

1. In einer großen Pfanne oder in einem Suppentopf rührt man Zucker und Eidotter, bis die Masse blaßgelb wird und sich ein langsam zerfließender Streifen bildet, wenn man den Schneebesen heraushebt.
2. Mehl dazugeben und gründlich unterrühren.
3. Milch zum Kochen bringen. Milch ganz langsam unter ständigem Rühren in die Ei-Zucker-Masse geben.
4. Das Gefäß auf die mäßig heiße Herdplatte setzen (nach Möglichkeit eine Asbestmatte benutzen, damit nichts anbrennt). Vorsichtig zum Kochen bringen, währenddessen abwechselnd mit einem Schneebesen die Masse leicht durchschlagen und mit einem Holzlöffel am Boden und an den Seitenwänden des Topfes umrühren. In diesem Stadium erfordert die Füllung ständige Aufmerksamkeit, wenn man das Anbrennen und die Klümpchenbildung verhindern will. Sobald die Masse anfängt zu kochen, läßt man sie unter ständigem Rühren noch 2 bis 3 Minuten gut durchkochen.
5. Den Topf vom Herd nehmen und die Butter hineinrühren. Bereitet man die Füllung im voraus zu, kommt sie jetzt in den Kühlschrank. Mit den restlichen Schritten macht man erst an dem Tag weiter, an dem die Torte zusammengesetzt wird.
6. Cognac darunterrühren.
7. Die Füllung auf zwei Schüsseln verteilen. In die eine Hälfte gibt man die Orangenschale, in die andere die Zitronenschale.

Kuchen

2 kg Weizenmehl

2⅔ Eßlöffel Backpulver

1,4 kg Margarine oder Butter

1,8 kg Zucker

2 Dutzend Eier

¼ l Milch

4 Teelöffel Vanilleessenz

1. Backofen auf 170 Grad vorheizen.
2. Backformen buttern und mit Mehl bestäuben. Man braucht vier Backformen von 48 × 38 × 4 cm oder zwei große Backbleche, wie man sie in Bäckereien verwendet.
3. Mehl mit dem Backpulver sieben, beiseite stellen.
4. In einer großen Schüssel Margarine oder Butter mit dem Zucker schaumig rühren.
5. Jedes Ei einzeln dazugeben und gut verrühren.
6. Wenn man einen elektrischen Handrührer verwendet, steigert man die Geschwindigkeit 30 Sekunden lang und dreht sie dann wieder zurück.
7. Abwechselnd Mehl und Milch zugeben.
8. Achten Sie darauf, daß alles gut verrührt wird, lösen Sie mit einem Spachtel den Teig vom Boden und von den Seiten der Schüssel, und schieben Sie ihn gegen die Mitte zu. Sobald alle Zutaten gut miteinander vermischt sind, hört man mit dem Rühren auf.
9. Teig in die Backformen gießen und ca. 30 Minuten backen.
10. Die Kuchenplatten vollständig abkühlen lassen, dann aus den Formen nehmen.

Spritzgebäck (Windbeutel)

1. Backofen auf 220 Grad vorheizen.
2. Vier große Backbleche (48 × 38 × 4 cm) gut buttern.
3. Mehl und Salz zusammen sieben, beiseite stellen.
4. In einem großen Topf Wasser und Butter erhitzen, bis die Butter geschmolzen ist.
5. Topf vom Herd nehmen und die ganze Menge Mehl mit dem Salz auf einmal hineingeben. Kräftig rühren, den Topf wieder auf die Herdplatte (mittlere Hitze) setzen und unter ständigem Rühren erhitzen, bis sich aus der Masse ein Klumpen bildet, der nicht mehr auseinanderfällt. Nicht zu lange erhitzen!
6. Vom Herd nehmen. Mit einem Holzlöffel eine Vertiefung in den Teig drücken, ein Ei hineinschlagen und in den Teig arbeiten, bis er nicht mehr schlüpfrig aussieht und glänzt. Den Vorgang mit dem Rest der 16 Eier wiederholen. Gegen Ende wird es länger dauern, bis jedes Ei absorbiert ist.
7. Teig in einen Spritzbeutel füllen. Mit einer kreisenden Bewegung kleine Teighäufchen auf das Backblech setzen und darauf achten, daß jedes Häufchen schön rund wird. Bemühen Sie sich nicht, die Spitzen abzuflachen, die sich dabei ergeben. Diese Spitzen halten später die Karamelfäden, die über die Torte gesponnen werden.

1 l Wasser

340 g Butter

4 Teelöffel Salz

450 g Weizenmehl

16 Eier
(Zimmertemperatur)

1 Spritzbeutel mit einer
1,5 cm breiten Tülle

2 weitere Eier

7

8. Das Spritzgebäck kann unterschiedlich groß sein, die größten Stücke ca. 2,5 cm im Durchmesser, die kleinsten halb so groß. Die größeren nimmt man für den unteren Teil des Kuchens, sie werden dann nach Größe abgestuft bis zur Spitze; dort verwendet man die kleinsten.

9. Zwei Eier mit 1 Eßlöffel Wasser verrühren. Mit dem Backpinsel die Spitzen der Windbeutelchen mit dieser Eiermischung bepinseln. Wenn man das Gebäck bis über die Seiten mit Ei bestreicht oder wenn das Ei bis aufs Backblech läuft, geht das Spritzgebäck nicht auf.

10. Etwa 20 Minuten backen. Sobald die Windbeutel zur doppelten Größe aufgegangen sind, goldbraun werden und sich fest anfühlen, sind sie fertig.

11. Windbeutel aus dem Backofen nehmen und mit der Messerspitze in den Boden eines jeden einzelnen ein Loch bohren. Durch diese Öffnung kann der Dampf entweichen. Später wird die Vertiefung mit Sahne ausgefüllt.

12. Die Bleche mit dem Gebäck noch einmal in den Backofen schieben. Die Hitze bleibt abgeschaltet und die Tür einen Spalt offen. Man läßt die Bleche mindestens noch 20 Minuten im Rohr. Dadurch wird das Spritzgebäck durch und durch trocken.

13. Die Windbeutel nicht eher mit Sahne füllen, als man sie auf die Torte setzt. Füllt man sie zu früh, weichen sie zu schnell auf.

9

11

Runde Papierschablonen für den Kuchen, je 2 Stück mit folgenden Durchmessern:

23 cm, 20 cm, 18 cm, 15 cm, 13 cm, 10 cm, 8 cm, 5 cm.

Eine Kuchenplatte aus Holz mit einer Spindel in der Mitte, etwa 40 cm hoch

2 Flaschen (je 70 cl) süßen Sherry (Cream Sherry) oder Marsala oder Madeira von guter Qualität

2 l Schlagsahne

je 4 Eßlöffel von drei verschiedenen Likörsorten mit Fruchtgeschmack

680 g gezuckerte Mandeln

1 Pfund Zucker

¼ l Wasser

3 Gabeln, mit einem Gummiband fest zusammengehalten

frische Blüten

Das Zusammensetzen

1. Die Schablonen auf die Kuchenplatten legen und den Kuchen vorsichtig mit einem kleinen scharfen Messer ausschneiden.
2. Den Boden der Tortenplatte mit Alufolie auslegen.
3. Falls einige der runden Kuchenplatten dicker als 2,5 cm sind, schneidet man sie einmal durch.
4. Vorsichtig die größte Kuchenscheibe über die Spindel auf den Boden setzen (vorher schneidet man mit der Messerspitze ein Loch in die Mitte).

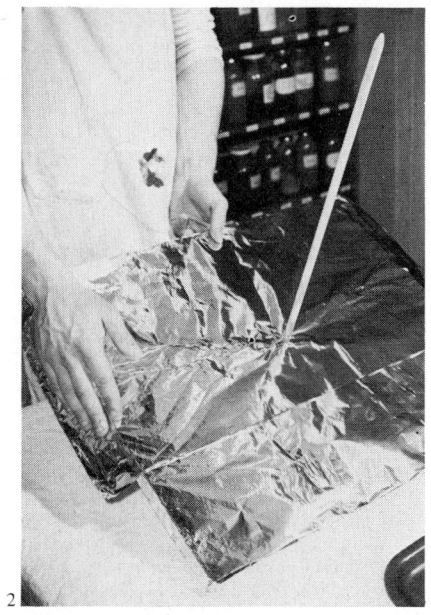

5. Kuchen mit Sherry beträufeln. Man kontrolliert, daß nicht zu viel Flüssigkeit auf einmal fließt, indem man den Daumen über die Flaschenöffnung hält. Darauf achten, daß der Kuchen gut durchtränkt ist, aber nicht zu weich wird.
6. Diese Schicht mit Füllung bestreichen.
7. Die nächste Kuchenschicht darüberlegen. Dabei darauf achten, daß die Mitte genau über dem Mittelpunkt der vorherigen Lage sitzt.

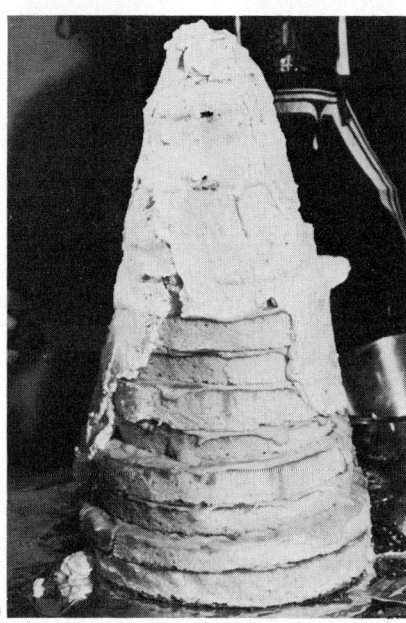
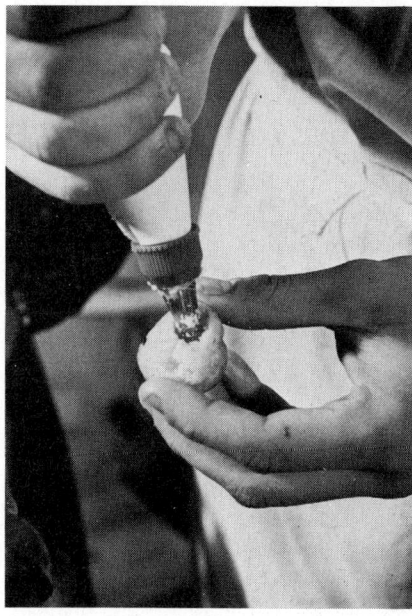

8.

10.

12.

8. Die gleiche Prozedur mit allen Schichten wiederholen: Zuerst mit Sherry beträufeln, dann mit Füllung bestreichen und dabei abwechselnd Füllung mit Orangen- und mit Zitronengeschmack verwenden.
9. Sahne steif schlagen, aber aufpassen, daß sie nicht zu Butter gerinnt!
10. Den ganzen Kuchen mit geschlagener Sahne überziehen. Gerade so viel Sahne verwenden, daß der Kuchen bedeckt ist und ein gleichmäßiger, gutgeformter Kegel entsteht.
11. Restliche Sahne in 3 Teile teilen und mit jeweils einem anderen Likör abschmekken. Probieren, ob das Aroma spürbar wird. Falls notwendig, noch etwas Likör hinzufügen.
12. Jeden Windbeutel mit der aromatisierten Schlagsahne füllen. Man verwendet dazu einen Spritzbeutel oder ein Messer.

13. Man beginnt unten mit den größten und setzt alle Windbeutel auf den Kuchen-kegel. Darauf achten, daß nicht alles Gebäck mit dem gleichen Aroma auf einer Seite des Kuchens nebeneinander sitzt. Die verschieden gefüllten Windbeutel sollen schön gemischt angebracht werden. Man schließt mit den kleinsten Windbeutelchen an der Spitze ab.

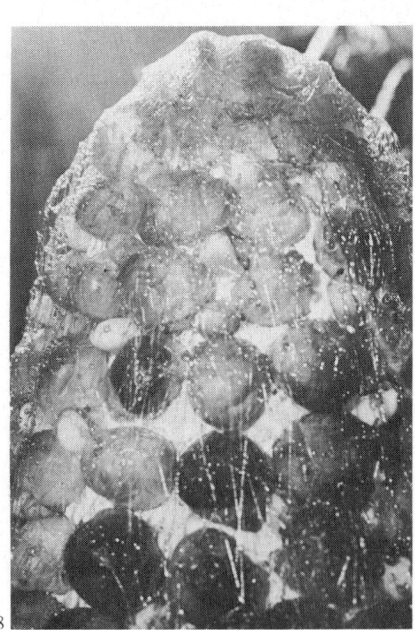

14. Die gezuckerten Mandeln hier und da zwischen die Windbeutel stecken. Es heißt im Volksmund, daß Mandeln ein Glückssymbol sind.

15. Zur Herstellung des Karamelsirups gibt man Zucker und Wasser in einen Topf und erhitzt unter ständigem Rühren. Man läßt den Sirup kochen, bis er hellbraun wird. Dann nimmt man den Topf vom Herd.

16. Während der Sirup abkühlt, gelegentlich probieren, ob sich Fäden bilden.

17. Sobald die Fadenbildung beginnt, fängt man an, ein Netz um den Kuchen zu spinnen. Dazu benutzt man 3 zusammengebundene Gabeln. (Wer es ganz professionell machen will, dem sei verraten, daß das beste Werkzeug für diesen Arbeitsgang ein Schneebesen ist, dessen obersten Teil man abschneidet, so daß die Enden abstehen.) Zu Beginn scheint es, als ob sich kaum etwas tut.

18. Wenn man aber weiter seine Fäden spinnt, bekommt der Kuchen allmählich einen leichten Schimmer, und schließlich ist er völlig umsponnen von glänzenden Fäden.

19. Der letzte Schritt besteht darin, den Boden mit Blüten zu dekorieren.

20. Bis zum Servieren kühl stellen.

21. Zum Servieren nimmt man am besten mit großen silbernen Servierlöffeln jeweils 2 Windbeutelchen und etwas Kuchen pro Person. Da diese Hochzeitstorte sehr gehaltvoll ist, sollten die einzelnen Portionen nicht zu groß sein.

19

Über die Autorin

Im Jahre 1967 fiel mir zum erstenmal auf, daß das Gemüse nicht in der Tiefkühltruhe des Supermarktes wächst. Ich arbeitete beim Freiwilligen Friedenscorps der Vereinigten Staaten in Venezuela und wurde unvermittelt mit der geheimnisvollen Welt eines südamerikanischen Gemüsemarktes konfrontiert, wenn ich mir mein Essen besorgen wollte. Diese Erfahrung bewirkte eine tiefgreifende Veränderung in mir.

Einige Jahre nach meiner Rückkehr in die Vereinigten Staaten setzte eine allgemeine Hinwendung zu natürlicher Ernährung ein. Ich entdeckte zu meiner Freude, daß auf einmal die Menschen um mich herum begannen, mein Interesse an unverfälschten Nahrungsmitteln und ungewöhnlichen Rezepten zu teilen. Nachdem ich mich schon jahrelang mit dem Sammeln und dem Austausch von Rezepten beschäftigt und wahre Kochmarathons veranstaltet hatte, bekam ich nun in meiner Heimat Kalifornien Gelegenheit, Kurse über natürliche Ernährung und Speisezubereitung abzuhalten.

Da in dieser Zeit mein Interesse an den geistigen Dingen immer größer wurde, besuchte ich im Jahre 1976 die Findhorn Foundation. Dort wurde mir (während ich in der Küche von Cluny einen großen Topf Erbsensuppe rührte) auf einmal bewußt, daß ich einige Zeit an diesem Ort verbringen sollte.

Ich kehrte deshalb 1978 als Mitglied nach Findhorn zurück und begann sofort, in der Küche der Gemeinschaft zu kochen. Dabei habe ich entdeckt, daß mich diese Tätigkeit vollkommen auszufüllen vermag.

Die Zubereitung von Mahlzeiten für Hunderte von Menschen ist eine zugleich anregende und lohnende Aufgabe. Ich habe nicht nur von den Menschen gelernt, für die ich gekocht habe, von den vielen Gästen, die ihren Beitrag leisteten und ihre Fähigkeit und ihre Kraft zur Verfügung stellten, sondern auch von den Nahrungsmitteln selbst und von den Köchen und Köchinnen, die mit Begeisterung und Hingabe in den Küchen von Findhorn tätig sind.

Mein Dank gilt allen, die diese Erfahrung möglich gemacht haben, aber auch den Menschen überall auf der Welt, die sich der heiligen Aufgabe widmen, das Essen für ihre Familie zuzubereiten: Glück und Segen ihnen allen!

Die Findhorn Foundation ist eine internationale spirituelle Gemeinschaft. Sie zählt etwa 250 Mitglieder, die im Nordosten Schottlands leben und arbeiten. Die Gemeinschaft wurde 1962 von Eileen und Peter Caddy und Dorothy Maclean gegründet und erregte von Anfang an weltweit Aufmerksamkeit durch die bahnbrechenden Versuche, Verbindung mit dem Reich der Natur aufzunehmen. Inzwischen hat sie sich zu einem Bildungszentrum entwickelt, das jedes Jahr Tausende von Gästen empfängt und seine Arbeit auf viele Bereiche ausgedehnt hat. Neue Wege werden nicht nur auf dem Feld der Organisation und Führung, der Erziehung und der geistigen Entwicklung gesucht, sondern ebenso auf dem Gebiet des Geschäftslebens und Managements, in der Gruppendynamik und in der Kunst.

Weitere Informationen und Einführungsmaterial sowie eine Liste von Tonbändern und Literatur in englischer Sprache sind auf Anforderung erhältlich. Bitte schreiben sie an

Findhorn Publications
The Park, Findhorn
Forres IV 36 OTZ
Scotland, U. K.

Für alle, die uns besuchen und an der Arbeit und am Leben unserer Gemeinschaft teilnehmen wollen, haben wir ein fortlaufendes Gästeprogramm anzubieten. Da immer mehr Menschen nach Findhorn kommen möchten, ist es ratsam, so weit wie möglich im voraus zu buchen. Die Unterbringung unangemeldeter Gäste kann nicht garantiert werden. Anmeldungen und Anfragen zum Gästeprogramm richten Sie bitte an

The Accomodation Secretary
Cluny Hill College
Forres IV 36 ORD
Scotland, U. K.

Register

Verlag Hermann Bauer · Freiburg im Breisgau

Edwin Maynard (Hrsg.)

Leben in Findhorn

Modell einer Welt von morgen

192 Seiten mit 217 Abbildungen und 8 Zeichnungen; gebunden

Seit vielen Jahren verbindet sich mit dem Namen Findhorn die Vorstellung eines beispiellosen Gartenwunders, einer unerklärlichen Supervegetation auf dem kargen Küstenboden Nordschottlands. Doch die Wirklichkeit übertrifft jedes Bild der Phantasie. Das beweist diese faszinierende und ausführliche Dokumentation. Hier liegt erstmals in deutscher Sprache eine authentische Selbstdarstellung der wohl interessantesten Alternativbewegung vor.

Die Gemeinschaft von Findhorn kommt ohne Gurus aus. Sie besteht nicht aus ausgeflippten Aussteigern, Drogensüchtigen, Psycho-Zauberlehrlingen oder blassen Theoretikern. Hier wirken Mystiker, die zupacken, Propheten, die ihr Wort in die Tat umsetzen. Das wichtigste »Produkt« ihrer Arbeit ist nicht irgendein landwirtschaftliches Mustererzeugnis – es ist ein neuer Mensch. Aus dem einstigen Garten sensationeller Riesenfrüchte ist längst eine Pflanzschule kosmischer Humanität geworden. Nur so ist die grenzüberschreitende Ausstrahlung dieser Gemeinschaft zu erklären.

Das von der ersten bis zur letzten Seite anregende Werk behandelt neben spirituellen Themen auch Fragen der Organisation, der Führung, der Erziehung und der Finanzen in der Findhorn-Gemeinschaft. Ein abschließender Seitenblick streift die Arbeit anderer Alternativzentren, die heute zusammen mit Findhorn ein weltweites »Netzwerk des Lichts« bilden. Von solchen Experimenten wird es abhängen, ob wir eine menschenwürdige, naturgemäße Zukunft erleben. Darum ist es nicht zu hoch gegriffen, das vorliegende Buch eine Pflichtlektüre für all jene zu nennen, denen der Fortbestand unserer Erde am Herzen liegt.

Verlag Hermann Bauer · Freiburg im Breisgau